10대와 통하는 선거로 읽는 한국 현대사

10대와 통하는

선거로 읽는 한국 현대사

제1판 제1쇄 발행일 2017년 4월 19일
제1판 제5쇄 발행일 2021년 5월 25일

글 _ 이임하
기획 _ 책도둑(박정훈, 박정식, 김민호)
디자인 _ 토가 김선태
펴낸이 _ 김은지
펴낸곳 _ 철수와영희
등록번호 _ 제319-2005-42호
주소 _ 서울시 마포구 월드컵로 65, 302호(망원동, 양경회관)
전화 _ (02)332-0815
팩스 _ (02)6003-1958
전자우편 _ chulsu815@hanmail.net

ISBN 979-11-88215-01-0   43910

철수와영희 출판사는 '어린이' 철수와 영희, '어른' 철수와 영희에게
도움 되는 책을 펴내기 위해 노력합니다.

10대와 통하는

선거로
읽는
한국
현대사

국민투표일
**주민등록증 지참하고
빠짐없이 투표하자**
중앙선거관리위원회

글 이임하

철수와영희

차례

역대 대통령 선거에 녹아 있는
한국 현대사

일정한 나이가 되면 대한민국 국민 누구나 대통령, 국회의원, 지방의원과 지방자치 단체장의 선거를 할 수 있어. 이를 보통 선거라고 하지. 보통 선거는 선거인의 자격에 재산, 신분, 성별, 학력 따위의 제한을 없앤 거야. 보통, 평등, 직접, 비밀은 선거의 기본 원칙이란다. 한국 현대사에서 보통 선거권이 국민에게 주워진 때는 20세기 중반이니까 70년이 안 됐어.

한국뿐만 아니라 세계 여러 나라에서 보통 선거권이 정착한 게 제2차 세계 대전 뒤였어. 호주, 핀란드, 오스트리아에서는 제1차 세계 대전 직전에, 다른 국가에서도 제1차 세계 대전 동안이나 직후에 남성에게만 보통 선거권이 있었어. 여성들은 나중에 갖게 됐지. 20세기 전반까지는 남성도 일부만 선거권이 있었어.

영국을 예로 보통 선거권이 정착되기까지의 과정을 알아볼까?

보통 선거권을 갖기 위해 영국의 민중들은 100년에 걸쳐 투쟁했단다. 1832년, 제1차 선거법 개정은 산업화로 도시가 성장하고 농촌의 인구가 줄어드는 가운데 선거구 재조정을 하기 위해 이루어졌어. 인구 수를 반영해 도시의 선거구 수를 늘리고 유권자가 적은 농촌 지역의 선거구를 정리했어. 그때까지 인구가 감소한 농촌의 선거구가 도시보다 많았고, 지주들의 영향 아래 있었거든. 그런데 선거에서 노동자 계급과 여성들은 배제됐어. 투표 자격을 알리는 문서에는 "남성(male person)"이라고 쓰여 있었지. 이에 노동자들은 1838년부터 차티스트 운동을 벌였단다. 차티스트 운동은 남성 보통 선거, 비밀투표, 공정 선거구, 정기적인 의회 선거의 실시와 의원 재산 자격 철폐 따위를 목적으로 했어.

제2차 선거법 개정은 1867년에 통과됐어. 그 결과 도시에 1년 이상 거주하고 지방세를 내는 모든 가구의 가장과 연간 10파운드의 집세를 내는 남성은 참정권을 얻었단다. 1884년에 통과된 제3차 선거법은 모든 시나 도 단위에서 지방세를 내는 가구의 가장은 1년 거주자라는 조건만 충족하면 선거권을 가질 수 있었어. 이어서 1918년에 개정된 제4차 선거법으로 21세 이상의 남성은 모두 보통 선거권을 부여받았지. 그리고 마침내 1928년이 되면서 21세 이상의 모든 남성과 여성이 보통 선거권을 행사하게 됐단다. 그전까지 참정권은 자격을 갖춘 남성에게만 인정되는 특권이었던 거야. 여성은 물론 노동 계급 남성, 식민지 민중은 배제됐지.

인종, 종교, 성별, 재산, 학력에 따른 차별 선거권이 없어지고 보통 선거권이 정착된 까닭은 민중들의 요구 때문이었어. 자동으로 주어진 것이 아니라 나라마다 민중의 투쟁과 운동에 따라 받아들인 시기가 달랐거든. 보통 선거권의 실현은 시민의 범위를 넓혔어.

보통 선거는 시민에게 동등한 발언권을 줬어. 가난한 사람이든, 돈이 많은 사람이든, 여성이든, 남성이든 한 사람이 한 표를 행사한다는 점에서 똑같았지.

그런데 선거로 표현된 민의나 민심이 제대로 반영되지 않는 경우도 많아. 투표에 의해 선출된 대표자가 민주주의를 존중할지 아니면 민주주의에 역행할지 알 수 없어. 그럼에도 보통 선거제와 직접 선거제는 민주주의의 꽃이라고 할 수 있어. 그래서 한국 현대사에서 대통령이나 국회의원의 직접 선출은 민주화의 중요한 쟁점으로 떠올랐단다.

선거를 치르는 동안 크고 작은 사건들이 끊이지 않고 일어나곤 해. 어떻게 해서든지 당선되려는 입후보자들은 실현 가능성이 없는 공약을 남발하고 경쟁자를 향한 비난도 멈추지 않아. 유권자들의 귀와 눈을 사로잡으려다 보니 생기는 일이지. 선거에서 홍보는 무척 중요해. 특히 선거 포스터와 구호는 어떤 수단보다 유권자의 관심을 강렬하게 이끌곤 해. 유권자들에게 후보자를 알리는 유용한 매체로 선거의 승패를 좌우하기도 한단다.

정치 광고업자들이 뽑은 최고의 구호는 1992년 미국 대통령 선거에서 등장했대. 그때까지 이름이 전혀 알려지지 않은 아칸소 주지사 출신인 빌 클린턴은 당선될 가능성이 적었어. 그러나 "바보야, 문제는 경제야!(It`s economy, stupid!)"라는 선거 구호는 상대 후보였던 조지 부시를 꺾고 클린턴에게 승리를 안겨 주었대. 한국의 경우, 아직도 사람들에게 가장 강렬하게 남아 있는 구호는 "못 살겠다 갈아 보자"는 1956년

<그림 1> 5·10 선거 포스터

민주당의 선거 구호야. 역대 대통령 선거에서 어떤 포스터와 구호가
등장했는지 한번 볼까?

〈그림 1〉은 제1대 국회의원 선거인 1948년 5·10 선거를 알리는 포
스터야. 사람들의 관심을 끌기 위해 천연색으로 만들었어. 독립문으로
보이는 양 기둥에 "투표는 애국민의 의무, 기권은 국민의 수치"라고 쓰
여 있네. 독립문 아래로 투표를 하러 가는 수많은 사람의 모습을 그리
고 있어. 이렇게 선거로 정부 수립이 가능하다는 메시지를 전달했어.

<그림 2> <그림 2-1> 1952년 제2대 대통령과 제3대 부통령 선거 포스터

〈그림 2〉와 〈그림 2-1〉은 1952년 대통령 선거 때 자유당의 정·부통령 입후보자였던 이승만과 이범석의 선거 포스터야. 제2대 대통령 선거는 입후보자 등록 8일 만에 투표를 끝냈어. "우리 민족의 최고 영도자이신 이 박사를 대통령으로 다 같이 투표합시다!"라고 작은 글씨로 쓰여 있지만, 당시 선거 구호를 제시할 시간도 없었단다. 이승만과 이범석의 이름과 얼굴 그리고 자유당과 전국애국사회단체 공천이 강조됐네.

〈그림 3〉과 〈그림 3-1〉은 1956년 제3대 대통령 선거 때 사용된 민주당과 자유당의 포스터야. 〈그림 3〉은 민주당 정·부통령 입후보자인 신익희와 장면의 얼굴과 이름이 표기되어 있고 가운데 "못 살겠다, 갈

<그림 3-1> 자유당 입후보자 선거 포스터

<그림 3> 민주당 입후보자 선거 포스터

아 보자!"라는 선거 구호를 내걸고 있네. 이 구호는 50년대뿐만 아니라 그 뒤에도 조금씩 바꿔 자주 이용했던 구호야. 〈그림 3-1〉은 자유당의 선거 포스터인데 '자유당'이라는 표시도 없고 선거 구호도 없어. 다만 "나라와 겨레의 어버이", "국부 이 박사가 지명하신" 문구를 넣고 지지를 해달라고 했어.

〈그림 4〉와 〈그림 4-1〉은 1967년 제6대 대통령 선거 포스터야. 〈그림 4-1〉은 민주공화당 후보 박정희의 포스터로 선거 구호는 눈에 뜨이지 않고 얼굴만 크게 내보냈어. 반면 신민당 후보 윤보선의 선거 포스터인 〈그림 4〉는 "빈익빈이 근대화냐 썩은 정치 뿌리 뽑자!"라는 구호와 경력, 신민당의 공약을 함께 싣고 있지. 기호와 구호를 빨간색으

<그림 4> <그림 4-1> 제6대 대통령 선거 포스터

<그림 5> <그림 5-1> 제7대 대통령 선거 포스터

로 눈에 띄게 했구나.

〈그림 5〉와 〈그림 5-1〉은 1971년 제7대 대통령 선거 포스터야. 〈그림 5〉에서 신민당 후보 김대중의 얼굴과 "10년 세도 썩은 정치 못 참겠다 갈아 치자!"라는 구호가 눈에 띄네. 이 구호의 원조는 〈그림 3〉이란 걸 눈치챘겠지?

반면 〈그림 5-1〉의 민주공화당 후보 박정희는 "보다 밝은 안정된 내일 약속합니다"라는 구호를 제시한 것 빼고는 1967년 선거 포스터와 크게 다르지 않아.

다만, 한가지 다른 점이 있어. 뭘까? 숫자로 후보자의 기호를 표기했다는 점이야. 이전에는 한글을 읽거나 쓰지 못하는 유권자를 위해 숫자가 아닌 막대기로 표기했는데 1971년 제7대 대통령 선거 포스터에는 숫자로 표기했단다. 이때부터 막대기 기호는 선거 포스터에서 사라졌어. 〈그림 6〉의 막대기로 기호를 표기한 제6대 대통령 선거 투표 용지를 보렴. 투표 용지는 막대기로만 표기했네.

<그림 6> 제6대 대통령 선거 투표 용지

<그림 7> 제13대 대통령 선거 포스터

〈그림 7〉은 1987년 제13대 대통령 선거 포스터들이야. 1971년 제7대 대통령 선거 뒤, 박정희는 유신헌법을 만들어 정치 광고를 없애고 간접 선거를 실시했어. 그러다 1987년 직접 선거제로 바뀌면서 무려 16년 만에 대통령 직접 선거가 다시 이루어졌어. 이때부터 선거 포스터와 구호가 화려하고 다양해졌지. 색깔, 이미지, 상징이 선거 포스터나 구호의 중요한 요소였고 본격적으로 정치 광고의 시대라 할 만큼 다양해졌단다. 이 책에서는 이런 내용과 함께 역대 대통령 선거의 실제 과정과 쟁점들을 살펴볼 거야.

*

원래 이 책은 내 작업 목록에 없었어. 『10대와 통하는 문화로 읽는 한국 현대사』가 출판됐을 때 출판사 관련자들과 저녁 식사 자리에서 이런저런 이야기를 하다가 출판사에서 '선거로 읽는 한국 현대사'를 쓰면 어떻겠냐고 제안했지. 미소를 지었지만 내 마음은 "못 써요"라고 대답했단다. 1년 뒤, 출판사에서 선거와 현대사를 고민해 보았느냐며 메일을 보냈어.

선거로 우리 현대사를 돌아본다는 게 만만한 작업이 아니기에 머뭇거렸거든. 그렇지만 어려운 출판 사정에도 잘 팔리지 않는 연구서를 내 주는 것만으로도 연구자에겐 고마운 일이고, 『10대와 통하는 문화로 읽는 한국 현대사』의 '선거와 정치' 부분을 쓸 때 재미있었던 기억이 떠올랐어. 그래서 생각해 보겠다는 간단한 답 메일을 보냈지. 또 1년이 지났는데 "언제 시작할 수 있느냐"는 메일이 왔어. 그때도 다른 작업을 한 뒤에 하겠다며 2016년 봄까지 미뤘지. 그렇게 미뤄 두었던 작업을 시작하게 된 계기는 투표에 참가한 딸 때문이야.

2016년 4월 13일에 실시된 제20대 국회의원 선거 때였어. 딸은 과제가 많은 대학의 학과를 들어가서 학교에서 밤새 작업하는 일이 종종 있었는데 선거 전날도 마찬가지였지. 그런데도 2시간가량 걸려 투표하러 집으로 왔지 뭐야.

선거로 할 수 있는 일은 아무것도 없다고 단정했던 20대 때의 나와 다르게, 투표를 마치고 허겁지겁 학교로 다시 돌아가는 모습을 보고 여러 생각이 들었어. '저렇게까지 해야 하나?', '젊은이들에게 선거는 뭘까?' 따위의 질문을 스스로 던지게 되었지. 그러면서 딸은 정치적 권리 의식이 부족했던 나와는 다른 삶을 살아갈 것이라는 확신이 들었단다.

나이 들면 그냥 어른이 되는 걸로 아는 나와 달리 딸은 '권리'를 중요하게 생각했어. 성인만 관람할 수 있는 영화를 볼 때, 술집에 마음대로 드나들 때 실감이 난다고 했지. 말하자면 투표도 성인임을 증명하는 정치적 행위였던 셈이야. 나를 포함해서 기성세대는 권리보다 의무에 익숙하고, 일상생활 속 정치적 권리에 둔감한 편이란다. 열심히 투표권을 챙기는 젊은 세대를 보면서 그들이 여는 세상은 분명 더 조화로울 거라는 희망이 생겼어. 그리고 내가 해 줄 말이 있다고 생각했지. 이 책은 그 결과물이란다.

『10대와 통하는 선거로 읽는 한국 현대사』는 '대통령 선거'를 중심으로 엮었어. 시기별로 정치 상황을 간략하게 소개하고, 선거 공약, 선거 운동, 정치 광고와 선거 결과 따위를 실었지. 지난 선거를 쭉 살펴보니 '공약'(公約)은 갈수록 늘었지만 말 그대로 '공약'(空約)으로 끝날 때가 많았단다. 그럼에도 이를 살핀 이유는 비록 '헛된 약속'이었을지라도 그 안에 시대상이 담겨 있기 때문이야. 선거 기간에는 많은 사람이 정치판에 뛰어들고 온갖 말들이 오고가지. 선거를 보면 시대의 흐름을 알 수 있어.

과거 대통령 선거를 알면 우리의 미래도 보이지 않을까? 그런 마음으로 이 글을 썼어. 그럼 함께 과거로의 시간 여행을 시작해 보자꾸나.

이임하

2017년 봄

1장

제1대 대통령 선거

———

1948년,
우리나라 최초의
보통 선거

미 군정기의 '세대주 남성만의 선거'

해방이 되자 38선 이남에는 미군이 들어와 군정이 시작됐어. 미 군정은 1946년에 입법 기구인 '남조선 과도 입법의원'(이하 입법의원)을 만들었어. 입법의원은 보통 선거법을 제정했어. 이 보통 선거법에 따라 1948년 제1대 국회의원 선거가 실시되지. 여기에서 선출된 국회의원들이 헌법을 제정하고 제1대 대통령을 뽑았어.

미 군정기 입법의원이 어떻게 선출되었는지 알아보자. 입법의원은 총 90명으로 45명은 간접 선거로 뽑힌 민선 의원이고, 45명은 미 군정에서 임명한 관선 의원으로 구성되었어. 입법의원의 선출 방식은 1948년 5월 10일, 최초의 보통 선거로 치러진 제1대 국회의원 선거 방식과 많이 달랐단다.

입법의원 선거권자 자격은 1년 이상 거주한 세대주로 한정됐어. 세대주가 여성인 경우는 드물었으므로 거의 남성에게만 선거권이 주어졌지. 해방된 한반도의 상황이 전혀 고려되지 않았어. 일제 강점기 때 소개·징병·징용 또는 일제 탄압을 피하려 거주지를 없앤 사람들이 많았는데 이들도 선거권이 없었거든.

입법의원 선거 방법은 선거권자의 자격 조건보다 더 문제가 컸단다. 선거는 1946년 10월 12일부터 30일까지 실시됐어. 각 도 대표의 선출은 가장 작은 행정 단위에서부터 큰 행정 단위까지 후보자 2명을 뽑아 올라가는 4단계 간접 선거 방식이었어. 반 대표(2명)→리 대표(2명)→면 대표(2명)→군 대표(2명)를 뽑아 후보로 삼고 군 대표들이 입법의원을 뽑았단다.

미 군정 장관은 입법의원 선거에 대해 "민주주의적이며 전 국민을 대표할 조선 정부 수립의 제1보는 이미 성취되었다"고 발표했어. 그러나 일부 여론은 입법의원 선거를 '폭력 선거, 매수 선거, 탈권 선거, 암 선거, 기권 선거'라며 조롱했단다. 1946년 결성된 정치 기구인 좌우합작위원회에서는 각 지구에 선거 감시원을 보냈는데 이들은 선거가 제대로 치러지지 않았다고 보고했어. 좌우합작위원회 김규식은 입법의원 선거의 비합법성을 이렇게 지적했단다.

1. 세대주를 주로 하여 1세대에 5인이나 10인이나 불문하고 세대주만이 투표하여 반(班)의 대표자를 선거한 것
2. 명륜동에서는 세대주도 나오지 않고 반장이 인장을 가지고 가서 집행한 것
3. 선전 삐라에 (개인이나 정당 명의가 아닌) '유권자 일동'이라는 명의로 선전을 한 것

이상이 서울시 선거에서의 비합법적 요건으로 지적된 바이며 (⋯) 강원도

에서는 지방 관리가 아닌 (…) 독립촉성중앙협의회 각 지구 지부장이 입법의원 선거대책위원회를 조직하여 선거를 관리하였다. (〈동아일보〉, 1946년 11월 9일)

결국 주한 미군 사령관 하지 중장은 11월 25일에 서울시와 강원도에서 당선된 입법의원의 무효와 선거의 재실시를 발표했어. 좌우합작위원회 선거 감시원은 "입법의원의 창설은 우리나라로서도 처음이요 또 민중을 민주적으로 훈련시킨다는 의미에서도 진정한 민주 선거라야 한다"고 주장했어. 선거의 근본 목적을 정확하게 지적한 거지. 미군정은 이런 원칙을 지켜야 함에도 행정 편의를 이유로 일제 강점기의 세대주 선거 방식을 묵인한 거야.

역사상 최초의 보통 선거에 여성은 참여하지 못했고 10% 정도의 세대주 남성이 선출한 대의원이 1948년 국회의원 선거법의 기초인 보통 선거법을 마련했던 거야.

스물다섯 이하는
투표할 수 없다

민주 선거가 아니라는 말들이 많았지만, 어쨌든 입법의원은 1946년
12월 12일에 열렸어. 입법의원의 목적은 법령 초안을 작성해 미 군정
장관에게 제출하는 데에 있었지. 미 군정 장관은 1947년 3월에 입법의
원에게 빨리 선거법을 제정하라는 편지를 띄웠고, 5월 기자단 회견에
서 이렇게 말했어.

> 일부 인사들은 보통 선거법을 제정하기 전에 우선 헌법, 부일 협력자 법안
> 부터 제정하려고 하는데 나는 이에 반대한다. 이들 법안은 장시일을 요하
> 는 것이기 때문에 보통 선거법을 통과시킨 후에 해야 할 줄로 안다. 현재 조
> 선에 가장 필요한 것은 보통 선거법이다. (〈경향신문〉, 1947년 5월 9일)

다음날, 입법의원에서는 보통 선거법을 토의했어. 그런데 중도파
관선 의원과 우익 민선 의원 사이에 선거권 연령 문제를 두고 격렬하게
대립했단다. 우익 민선 의원들은 선거권자 25세, 피선거권자 30세를

<표 1> 나이에 따른 선거 연령 여론조사(%)

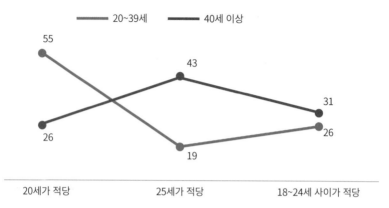

참조 : *<동아일보>, 1947년 6월 22일*

주장했거든. 이 안이 표결되자 관선 의원들은 퇴장해 버렸어. 관선 의원들은 이 안이 청년들을 무시하는 규정이라며 강경하게 반대했대. 양편의 갈등은 쉽게 풀리지 않았는데 입법의원 의장 김규식, 부의장 최동오 · 윤기섭은 사표를 제출하면서 이렇게 말했어.

> 선거권 (…) 25세로 이상으로 규정된 조항을 그대로 가결한 것은 300여 만의 청년들의 공민권을 박탈함을 의미하는 동시에 시대에 역행하는 비민주의적 처사라 하지 않을 수 없으며 이러한 입법부 내에 의석을 차지하고 있을 수 없으니 입의 의원(입법의원)을 사면시켜 주기 바란다(그만두고 물러나겠다).(〈동아일보〉, 1947년 6월 4일)

이 문제로 한동안 열리지 않았던 입법의원은 다른 조항을 먼저 통과시키고 연령 문제는 나중에 결정짓자는 의견에 따라 6월 10일에 다시 열렸어. 공보부는 선거 자격 연령에 대해 시민들의 생각을 조사했어. 〈표 1〉에 따르면 20세가 투표 연령으로 적당하다는 의견이 20~39세 사이의 응답자에서는 55%, 40세 이상의 응답자에서는 26%가 나왔어.

입법의원 투표 결과는 24세 0표, 23세 40표, 22세 2표, 21세 26표로 나와 선거 자격 연령은 23세로 결정됐어. 미 군정 장관은 선거 연령, 선거권 박탈, 선거 소송과 같은 입법의원이 결정한 선거법에 대해 재검토를 요청했어. 하지만 입법의원에서는 선거법을 수정 없이 1947년 9월에 공포했단다. 한편 유엔 한국임시위원회(이하 유엔한위)의 감시 아래 선거 실시가 결정되면서 입법의원 선거법은 유엔한위의 수정을 거쳐 제헌국회 선거법으로 바뀌었단다.

〈표 2〉는 입법의원 선거법(1947년 9월)과 제헌국회 선거법(1948년 3월)의 주요한 차이를 나타낸 거야. 입법의원 선거법은 선거권 연령을

〈표 2〉 입법의원 선거법과 제헌국회 선거법 비교

	입법의원 선거법	제헌국회 선거법
선거권	23세	21세
피선거권	25세	25세
선거 등록	서명	날인
투표 방법	자필 서명	기표
당선자 결정	최다 득표	최다 득표

참조 : 박찬표(1996), 85~86쪽

23세로, 유권자 등록을 서명 방식으로, 투표 방법을 자필 서명 방식으로 정했어. 우익 민선 의원 측이 선거권 연령을 높이고자 한 까닭은 좌익이 젊은이들의 지지를 받고 있었기 때문이야. 이들을 투표에서 빼고 싶었던 거지. 후보자의 이름을 쓰는 자필 투표는 읽고 쓰는 능력을 요구한 거야. 이는 문맹률이 높은 하층 집단을 선거에서 빼기 위한 장치였어.

제헌국회 선거법은 선거권 연령을 21세로 낮추고 선거 등록을 날인으로 투표 방법을 기표로 바꿔 투표권 제한 요소를 완화시켰어. 이로써 문자를 읽고 쓸 수 없는 유권자들도 투표에 참여하게 됐지.

남한만의 총선거

1945년 해방 이후 남한과 북한에서 군정을 실시하며 한반도 문제를 협의하던 미국과 소련이 전 세계를 무대로 대립하기 시작했어. 미국은 소련의 반대를 무릅쓰고 1947년 9월에 한반도 문제를 유엔에 상정했어. 유엔은 1947년 11월 총회에서 유엔한위를 구성하고 인구 비례에 따른 남북한 총선거 실시를 결정했어. 1948년 1월에 유엔한위 대표단이 남한에 들어왔지만 소련의 반대로 북한에는 들어가지 못했지. 남북한 총선거가 불가능해지자 유엔 소총회는 남한만의 총선거를 결정했단다. 미 군정 사령관 하지는 3월에 "조선 인민 대표의 선거는 연합국 임시조선위원단의 감시하에 본 사령부 관내 지역에서 1948년 5월 9일 이를 거행한다"고 공포했어. 한 달 뒤 국회의원 선거일을 5월 10일로 변경했는데 9일이 일요일이라서 기독교인들이 반대했기 때문이래.

5·10 선거는 성별과 신앙을 묻지 않고 21세 이상의 성인에게 동등한 투표권이 주어진 남한 역사상 최초의 보통 선거였어. 참으로 뜻깊은 일이었지. 하지만 5·10 선거는 남한만의 단독 정부를 수립하기 위

<표 3> 선거인 등록 여론조사

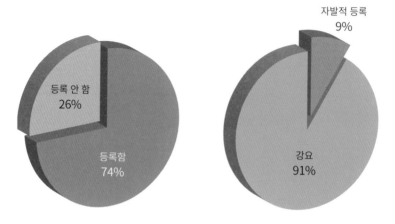

참조 : <서울신문>, 1948년 4월 13일

한 선거였다는 점에서 사람들의 호감을 사기 어려웠대. 김구를 비롯한 민족주의자들은 선거 참여를 거부하고 남북협상을 추진했고, 좌익은 단독 선거 단독 정부 반대투쟁을 전개했거든.

이런 상황 속에서 선거인 등록이 시작됐어. 선거인 등록률은 92%에 이르렀대. 상당히 높게 나왔는데 한국여론협회에서는 충무로와 종로에서 행인 1262명에게 선거인 등록에 대해 물었어. 〈표 3〉에 따르면 등록한 인원은 924명이고 등록을 하지 않은 인원 318명이야. 등록한 사람들 가운데 강요로 했다는 인원이 91%인 850명이나 돼.

위의 여론조사에 따르면 등록이 대개 강요로 이루어졌음을 알 수 있어. 이런 분위기는 혼란만 일으킨다고 지적됐지.

무엇보다도 두드러지게 눈에 뜨이는 것은 이른바 '등록 강요'란 말로 알려진 현상이니 어떤 동리에서는 청년단원과 경찰관까지 통하여 등록을 권고하되 '등록 안 하니 유령 식구가 아닌가'고 짜증을 부린다는 등 심지어 어떤 동에서는 등록을 할 때까지 보류한다고 쌀표를 가져갔다는 등 불만을 가진 시민이 적지 않다.(〈조선일보〉, 1948년 4월 7일)

선거인 등록을 하지 않으면 쌀 배급표를 주지 않는 사례도 벌어졌던 거야. 그렇다면 미 군정은 왜 선거인 등록을 강요했을까? 사람들이 단독 선거에 부정적이었기 때문이야. 남한만 선거한다면 통일 국가를 세울 수 없다고 생각했지.

(1) 단선 단정의 노선으로 민중을 선동하여 유엔 위원단을 미혹하게 하기에 전심전력을 경주하고 있다. (2) 경찰을 종용하여서 선거를 독점하도록 배치하고 인민의 자유를 유린하고 있다. (3) 남한에 있어서만 단독 선거를 실시한다는 것은 민주주의의 파산을 세계적으로 선전함이나 다름없다고 본다.(〈서울신문〉, 1949년 11월 8일)

이런 분위기였으니 선거인 등록이 강요됐던 거지. 미 군정은 라디오, 신문, 팸플릿, 영화, 연극, 강연회 따위로 선거 홍보를 시작했어. 선전물을 만들어 성인 한 사람마다 1부씩 나누어 주고 관심을 끌기 위한 선거 표어도 모집했지. 당선작 중에는 "나는 집 보고 어머니는 투표장", "너도나도 한 표, 나라가 서는 한 표" 따위가 있었지.

<그림 8> 제헌국회의원 선거 모습

1948년 5월 10일, 제주도를 제외하고 전 지역에서 제1대 국회의원 선거가 실시됐어. 총 948명이 입후보했고 200명이 국회의원으로 당선 됐지. 당선자의 소속 단체는 〈표 4〉와 같아.

무소속은 당선자의 43%를 차지했어. 무소속이란 어떤 당이나 단체 에 소속하거나 참가하지 않은 인물이야. 그러나 아무런 정견이 없다고 말할 수는 없어. 무소속 의원들은 대개 한국민주당(이하 한민당) 계열, 이승만 계열, 중도파 계열로 구분됐어.

한민당은 29명밖에 당선되지 않았지만 무소속을 끌어들여 60~70 석이, 이승만 지지 세력도 60~70석, 김구와 노선을 같이했던 의원들

<표 4> 제1대 국회의원 당선자의 소속 단체

소속 당적	당선자 수	소속 당적	당선자 수
무소속	85	조선민족청년단	6
대한독립촉성국민회	55	대한독촉농민총연맹	2
한국민주당	29	기타	11
대동청년단	12	**총계**	**200**

기타는 1인 당선된 단체를 표기함
참조 : 중앙선거관리위원회, 『대한민국 선거사』 제1집, 1083~1085쪽

도 60~70석 정도였어. 무소속 당선자 가운데 '소장파'로 불렸던 세력
은 민족 반역자 처벌, 국가보안법 제정 반대, 농지 개혁 실시, 지방자치
제의 실시 따위를 주장했어. 이들은 이승만과 한민당의 정책을 비판하
면서 야당 기능을 했지.

내각 책임제냐
대통령 중심제냐

5·10 선거 뒤 국회는 1948년 5월 31일에 열렸는데 가장 서두른 일은 헌법 제정이야. 그래서 제헌국회라고 부른단다. 헌법기초위원회 소속 위원들은 내각 책임제 헌법 제정에 힘썼고, 국회의원들도 대개 비슷한 의견이었지. 그런데 이승만은 한국을 비롯한 후진 국가는 정당제가 정비되지 않아서 서구식 내각 책임제는 안 된다고 주장했단다. 헌법기초위원회를 방문해서 "내각 책임제를 채택하면 나는 정계에 은퇴하여 민간에 남아서 국민 운동이나 하겠다"고 말했어. 결국 이승만의 뜻에 따라 헌법은 국회의 내각 불신임권과 총리의 국회 해산권 따위의 내각 책임제 주요한 조항들이 삭제됐고 대통령제로 바뀌었단다.

국회에서 소장파 의원들은 행정권의 수반인 대통령이 조약 체결권, 국군 통수권, 국무총리와 국무위원 임명권, 대법원장 임명권까지 가지면 독재 정권이 될 가능성이 있다며 문제를 제기했어. 그러나 국무총리 임명에 대한 국회의 승인 조항 이외에는 그대로 통과됐어. 그렇게 해서 우리나라는 대통령제를 채택하게 된 거지.

대통령제는 미국에서 기원했다고 하니 미국에서 행하는 대통령제와 제헌 헌법의 대통령제를 비교해 볼까?

<표 5> 1948년 당시 미국과 한국의 대통령제 차이

구분	미국	한국
선출	대통령은 대통령 선거인이 선출	대통령은 국회에서 선출
겸직 여부	장관은 국회의원 겸직 불가능	장관의 국회의원 겸직 가능
국회 발언권	국무위원의 국회 출석과 발언 권한 없음	국무총리, 국무위원의 국회 출석과 발언 권한 있음
법률안 제출권	대통령의 법률안 제출권 없음	대통령의 법률안 제출권 있음
법률안 거부권	대통령은 법률안 거부권이 있지만 정치적 효력만 있음	미국과 비슷함
탄핵권	대통령은 의회 해산권이 없고 국회는 대통령과 장관의 탄핵 가능	미국과 비슷함
긴급 명령권	법률 사항은 대통령에 위임할 수 없고 대통령은 긴급 명령권, 긴급 재정 처분권 없음	법률 사항을 대통령에게 위임할 수 있고 대통령은 긴급 명령권, 긴급 재정 처분권을 가짐
공무원 임명	공무원의 임명은 상원의 승인을 얻어야 함	국무총리와 대법원장은 국회의 승인이 필요함. 그 밖의 공무원 임명은 대통령 재량

참조 : <서울신문>, 1952년 4월 16일

미국의 대통령제와 제헌 헌법의 대통령제를 비교하면 한국의 대통령은 법률안 제출권과 거부권, 긴급 명령권과 긴급 재정 처분권, 공무원 임명의 자유 재량권 따위를 갖고 있었어. 미국과 비교해도 강력한 대통령 중심제인 거야. 그래서 제헌국회의 소장파 의원들이 독재로 변질되기 쉽다고 비판했던 거야.

1948년 7월 17일, 정부 조직법과 함께 헌법이 공포됐어. 헌법과 정부 조직법의 공포 뒤, 대통령과 부통령은 국회에서 7월 20일에 간접 선거로 뽑혔단다. 그러면 국회 본회의 회의록을 통해 그때의 상황을 들어보자.

의장 이승만 – 회의 일정에 의해서 지금부터는 대통령·부통령 선거를 실시하겠습니다.

재석 인원 196인이올시다. 헌법 제53조에 의해서 출석 의원은 재석 의원의 3분지 2를 초과함으로 대통령과 부통령 선거를 시작합니다. (10시 15분 명패 배부, 11시 5분 투표 종료)

부의장 김동원 – 이승만 의원 180표, 김구 씨 13표, 안재홍 씨 2표, 무효 하나, 계 196표 꼭 맞았습니다. 그러면 196인의 3분지 2 이상이면 131인이올시다. 이승만 의원의 득표는 180인 것으로 3분지 2 이상의 절대다수된 것을 선포합니다. 이승만 의원이 대통령으로 당선된 것을 선포합니다. (…)

부의장 신익희 – 득표 결과를 보고해 드리겠습니다. 이시영 133표, 김구 62표, 이구수 1표, 무효 1표 합해서 197표입니다. 출석 의원 197에 3분지 2 이상의 수효가 되므로 이시영 씨가 우리 대한민국 부통령에 당선된 것을 선포해 드리겠습니다. (국회, 『국회 본회의 회의록』 제1회 33차, 1948년 7월 20일)

7월 20일 오전에 대통령이, 오후에 부통령이 뽑히는데 1시간도 안 걸렸네. 선거라면 입후보자 추천이나 정견을 들어야 하는데 그런 절차도 없었어.

"여자에게 투표권을 허하라!"

프랑스 대혁명 때 올랭프 드 구주는 "여성이 단두대에 오를 권리가 있다면 연단에 오를 권리도 가져야 한다"고 말했어. 19세기, 20세기 내내 여성은 시민권과 정치권을 얻기 위해 투쟁했는데 참정권도 그 가운데 하나였단다.

여성이 처음으로 투표할 권리를 획득한 곳은 1893년 뉴질랜드야. 핀란드에서는 1906년에, 미국과 대다수 유럽 국가에서는 제1차 세계 대전 뒤에, 남 아메리카·인도·중국·일본에서는 1930년대와 1940년대에 선거권을 획득했어. 제2차 세계 대전 뒤에는 대부분 아프리카와 아시아 국가가 여성 선거권을 헌법으로 보장했어. 2015년 사우디아라비아가 여성 투표권을 인정하면서 전 세계 모든 곳에서 여성이 투표할 권리를 갖게 됐어.

여기에서는 영국, 프랑스, 미국에서 어떻게 여성이 참정권을 얻게 되었는지 알아보자.

메리 울스턴크래프트는 『여성의 권리 옹호』(1792년)에서 여성은 장식물이나 재산이 아니며 남성과 동등한 권리를 가진 인간이라며 여성 선거권을 주장했어. 1850년대부터 여성 선거권에 대한 요구가 늘어났고 1865년 맨체스터에서 최초로 여성 선거권 운동 단체가 생겼어. 1867년, 런던의 자유당 의원 존 스튜어트 밀은 합당한 자격을 가진 여성조차 제외되는 현실은 부당하다며 여성 참정권 법안을 여성 선거권 단체의 청원서와 함께 하원에 제출했어. 물론 그의 제안은 부결됐지.

영국 주요 도시에 여성 선거권 운동 단체가 세워졌고 1870년대에 300만 명의 서명을 첨부해 청원서를 의회에 제출했어. 이렇게 여성 참정권 운동가들은 처음엔 청원, 로비 그리고 항의 편지 쓰기 같은 방법을 이용했는데 오히려 비웃음과 공격을 당하곤 했지. 1897년에 여성 선거권 운동 단체는 '전국 여성선거권 운동단체연합'(NUWSS, National Union of Women's Suffrage Societies)으로 통합돼 활동했지만 큰 진전은 없었어. 그래서 운동가들은 적극적인 행동을 주장하며 격렬한 시위를 벌였단다. 상점의 유리창이나 공공 기물의 파괴뿐 아니라 개인 재산도 공격했거든. 그들은 1913년에 여성 참정권을 반대하는 의원의 비어 있는 시골 별장을 방화했고, 1914년에 박물관에 전시된 벨라스케스의 그림을 훼손했어. 이로 인한 참정권 운동가들의 투옥, 재판, 단식 투쟁, 강제 급식 소식이 신문에 보도돼 점차 그들의 주장에 사람들은 관심을 갖게 됐어. 마침내 영국 여성들은 1928년에 참정권을 얻을 수 있었단다.

프랑스에서 여성이 참정권을 부여받은 때는 제2차 세계 대전이 끝난 1946년이었어. 핀란드 1906년, 노르웨이 1913년, 오스트리아 1918년, 독일 1918년, 영국 1928년 등 다른 유럽 국가보다 훨씬 늦었지. 유

<그림 9> '여성에게 투표를' 여성사회정치연맹 포스터

럽에서 반봉건 혁명을 이끌었던 프랑스인데 어떤 사정이 있었던 걸까?

프랑스 혁명은 '인간과 시민의 권리 선언'에서 인간의 평등과 주권 재민을 선포하고 국민에게 선거권을 부여했어. 그렇지만 여성은 여기에 포함되지 않았단다. 프랑스 여성 운동가들은 정치적 격변이 있을 때마다 여성의 정치권을 요구했어. 1792년 여성 시민권은 혁명 초기 파리 여성들의 과격한 행동의 대응으로 나타난 거야. 파리 여성들은 대표를 선출해 왕에게 가져갈 목록을 만들어 파리에서 베르사유까지 행진했거든. 여성들은 모임이나 무장 시위행진에 참여했고, 정치 조직을 결성했어. 1848년에 선거에 출마해 정치권의 문제를 제기했지. 그 뒤 여성 클럽이 만들어지고 신문이 발간됐어. 이러한 여성의 정치화는 보수주의자와 혁명주의자 모두를 놀라게 했어.

혁명을 계기로 프랑스 여성들은 공개 토론에서 일정한 공간을 확보했지. 그렇지만 남성들 사이에서는 어떻게든 여성들을 예전의 위치로 되돌려 보내겠다는 욕구가 커졌어. 남성들은 여성들이 그러한 혜택을 누리는 것을 단호히 반대했거든. 자코뱅파를 위시한 대다수 혁명가들은 여성을 공공의 장에서 가정으로 철수시키는 데 의견을 같이했어. 혁명 당시 급진주의자이며 선동가로 활동했던 쇼메트는 "대체 언제부터 여자가 가정과 아이들의 요람을 돌보는 소중한 의무를 내팽개치고 정치 포럼으로 달려가는 일이 다반사가 돼버렸단 말인가?"라며 비난을 퍼부었지. 결국 '나폴레옹 법전'으로 여성 운동은 최후의 일격을 당해 대혁명 이전의 "보호받는 상태"로 돌아갔어. 이러한 사정으로 제2차 세계 대전까지 프랑스 여성 운동가들은 참정권 운동에 힘을 써야 했대.

미국 독립 선언서 기초자이자 3대 대통령을 역임한 토머스 제퍼슨은 이렇게 말했어.

우리의 국가가 순수한 민주주의가 되려면 우리의 숙고 대상에서 여성을 배제해야 한다. 도덕의 타락과 문제의 모호함을 방지하기 위해 여성은 남자들이 모인 자리에 난잡하게 섞이지 않아야 한다.(메리 E. 위스너-행크스 지음, 노영순 옮김, 『젠더의 역사』, 219쪽)

미국 여성들도 일찍부터 참정권을 주장했지만 줄기차게 거부당했어. 남북전쟁이 끝나자 여성들은 흑인 남성들에게 참정권을 부여했던 수정 헌법 14조에 자신들도 포함하라고 요청했지. 그런데 정치가들은 노예제 폐지가 우선이라며 기다리라고 했어. 그들은 여성의 정치적 권리에 공감하면서도 노예제보다는 중요성이 떨어지는 것으로 생각했단다. 여성의 참정권 문제는 언제나 뒷전으로 밀려났어.

여성들은 전략을 바꿔 한 주(州)마다 단계적으로 참정권을 얻는 방법을 이용했고, 1910년 이후 서부의 몇몇 주에서는 여성 참정권이 허용됐단다. 그리고 영국 여성 참정권 운동가들의 격렬한 운동 방식이 미국에도 전달돼 운동가들은 백악관 앞에서의 쇠사슬 시위, 단식 투쟁 따위를 했어. 그리고 1920년 수정 헌법 19조 "미 국민의 참정권은 미국이나 혹은 어떤 주에서도 성별을 이유로 거부될 수 없다"는 조항이 추가됐어.

20세기 접어들 무렵 참정권 요구는 페미니스트들 투쟁의 중심이었어. 참정권은 평등권뿐만 아니라 공·사생활에서 동등한 권리를 얻는 데 꼭 필요한 것이었거든. 물론 선거권이 여성들의 지위를 곧바로 변화시키지는 않았지만 이를 둘러싼 투쟁은 변화를 가져왔어. 투쟁하는 동안 여성은 스스로 자신을 인간으로 이해했고, 자신의 생활과 생각, 재산과 교육 그리고 직업에 관해 여성 개개인이 권리를 가진다는 점을 깨달았단다.

일제 강점기, 선거권은 누구에게?

조선 총독부는 일제 강점기 내내 조선인에게 '내선일체', '일선동조론' 따위의 말들을 자주 했어. '내선일체'(內鮮一體)는 일본과 조선이 하나라는 뜻이고 '일선동조론'(日鮮同祖論)은 일본과 조선은 같은 조상이라는 뜻이야. 이는 일본 제국이 식민 지배를 정당화하기 위한 말들로 황국신민화 정책의 일환이었지. 이 말들이 거짓임을 밝히는 일은 그리 어렵지 않아. 일본과 조선에서의 실행한 정치 제도를 조금만 들춰도 드러나거든.

근대 국민국가에서 가장 먼저 하는 작업은 무엇일까? 헌법 제정이야. 이에 따라 하위법들도 만들어지고 행정, 사법, 입법 기구들이 정비되잖아. 일본도 메이지 헌법이라는 일본 제국헌법을 1889년에 제정했어. 그리고 1890년에 제국의회가 소집됐어.

그렇다면 식민지 조선은 어떻게 됐을까? 내선일체라고 일제 강점기 내내 강조됐지만 조선인은 제국헌법에 적용받지 않았어. 일본인과 조선인은 하나가 아니었던 거야. 제국헌법에 적용받지 않았던 조선은 그때그때 내려진 천황이나 총독의 명령 또는 도지사의 명령에 따라

<그림 10> 내선일체를 강조하는 그림엽서

통치됐거든. 그렇다면 조선인이 선거권과 피선거권을 가질 수 있었을까?

일제는 제국의회에 조선인의 참가를 허용하지 않았어. 그 대신 식민지 조선에서 지방 참정 제도를 실시하는 데에 그쳤지.

1920년, 일제는 각 도(道)에는 자문 기구인 도 평의회를, 부(府)와 면(面)에는 부·면 협의회를 두도록 지방 제도를 바꿨어. 일본인이 많이 거주하는 부와 23곳의 지정 면에만 선거를 하고 조선인이 많이 거주하는 면에는 군수나 도지사가 의원을 임명했어.

부 협의회 협의원의 선거권과 피선거권은 25세 이상으로 1년 이상 거주하고, 부세 연간 5원 이상을 납부하는 남자로 규정됐어. 협의원의 지위는 명예직으로 임기는 3년이었지. 1920년, 1923년, 1926년, 1929 년으로 3년마다 부와 지정 면에서는 협의회 의원 선거가 실시됐어.

당시 세금을 5원 이상 낼 수 있는 조선인이 얼마나 있었을까? 〈표 6〉에 1920년대 부산부 협의회 선거 결과가 나와 있네. 1920년, 부산부 선거권자 수는 조선인 90명, 일본인 1027명이야. 조선인은 5명의 입후 보자를 내어 4명이 당선됐고, 일본인은 16명이 입후보하여 모두 당선 됐어. 1920년 부산부 인구 구성을 고려하면, 조선인은 1만 명당 1명을, 일본인은 1900명당 1명의 당선자를 낸 꼴이란다.

일제는 일본인의 우위를 확보하기 위해 세액을 기준으로 선거권을 제한했어. 선거권자 가운데 조선인이 차지하는 비율은 8.7%(1920년),

<표 6> 1920년대 부산부 협의회 협의원 선거 결과(명)

구분/연도	1920년		1923년		1926년		1929년	
	조선인	일본인	조선인	일본인	조선인	일본인	조선인	일본인
인구 수	43,424	30,499	43,886	35,360	64,928	40,803	76,370	42,642
선거권자 수	90	1,027	217	1,491	214	1,788	-	-
투표자 수	75	860	-	-	-	-	-	-
후보자 수	5	16	-	-	4	30	6	33
당선자 수	4	16	3	17	3	27	2	28

참조 : 홍순권(2006), 198쪽

14.5%(1923년), 11.9%(1926년)였어. 〈표 6〉과 〈표 7〉을 보면, 부산부 선거권자 구성비에서 조선인 선거권자 수는 일본인 선거권자 수의 10분의 1에도 못 미쳤어. 식민지 조선에서 선거는 자치보다 지배 도구로서 작용했던 거야. 지방자치는 주민의 자유로운 참여와 자율적인 의회 운영을 보장하고 정치적으로 훈련시키는 장이 아니었어. 조선인과 일본인과의 차별을 전제로 한 억압과 통제 수단일 뿐이었단다.

<표 7> 조선인과 일본인의 선거 참가 인원(1920년대 부산부 협의회 협의원 선거)

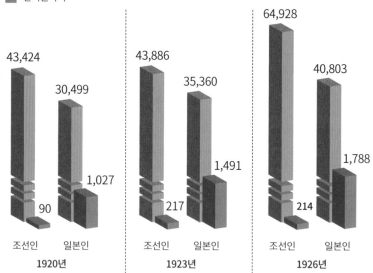

인구 수
선거권자 수

	조선인	일본인	조선인	일본인	조선인	일본인
인구 수	43,424	30,499	43,886	35,360	64,928	40,803
선거권자 수	90	1,027	217	1,491	214	1,788

1920년　　　　1923년　　　　1926년

2장

제2대 대통령 선거

1952년,
8일 만에
선거를 치르다

국회와 이승만의 갈등

제헌국회 의원의 임기는 2년이라 제2대 국회의원 선거가 1950년 5월 30일에 실시됐어. 그런데 한 달도 못 돼 1950년 6월 25일 한국전쟁이 일어났어. 6월 27일, 오전 8시에 비상 국회가 열렸는데 참모총장 채병덕이 참석해 국회의원들에게 "근일 중에 백두산에 태극기를 꽂는다"는 보고를 했어. 이에 고무된 국회는 "국회의원은 100만 서울 시민과 함께 수도를 사수한다"는 수도 사수 결의안을 만장일치로 통과시켰어. 이 결의안을 갖고 국회 부의장이 경무대(지금의 청와대)로 이승만 대통령을 찾아갔으나 대통령은 새벽 4시에 특별 열차로 서울을 탈출했단다. 그리고 다음날 새벽 2시경에 한강 다리가 폭파됐어.

27일, 서울을 빠져나간 국회의원들도 있었지만 머물렀던 국회의원도 많았지. 뒤늦게 대전에 모인 국회의원들은 이승만에게 그 책임을 물어 대국민 사과를 요구했어. 이승만은 오히려 "내가 당나라 덕종이냐, 국민 앞에 사과하게"라며 반발했어. 그 뒤에도 국회와 이승만이 대립했는데 국민 방위군과 거창 사건으로 더 심해졌단다.

국민 방위군 사건은 다음과 같아. 중국의 참전으로 이승만 정부는 1950년 12월에 국민 방위군 설치법을 제정했어. 국민 방위군은 제2국민병으로 만 17세부터 만 40세까지의 남성을 대상으로 했단다. 모집된 인원은 순식간에 50만 명을 넘어섰대. 이승만은 방위군 지도부에 대한청년단 간부를 임명했어. 그런데 이들이 예산을 횡령하고 식량과 침구를 제대로 공급하지 않아 소집된 사람들이 굶거나 얼어 죽었단다. 이 사건은 국회의 조사로 사정이 알려졌지. 국회 조사단은 6개월 동안 5만 명 이상의 징집병이 군 훈련소에서 굶어 죽었으며 생존자 가운데 80%가 일을 할 수 없는 신체 쇠약자라고 보고했단다. 이 사건을 계기로 청년들은 징집을 피하기 위해 도망 다니거나 일부러 손가락을 잘랐다는구나.

거창 사건은 1951년 2월에 경남 거창군 신원면 일대에서 국군이 민간인을 학살한 사건이야. 국군 11사단은 지리산 일대의 빨치산을 토벌한다는 명목으로 민간인 700여 명을 학살했어. 생존자들이 거창 지역 국회의원에게 호소하면서 이 일이 세상에 알려지게 됐단다. 국회에서는 조사단을 꾸려 거창으로 보냈어. 그런데 계엄사령관인 김종원은 빨치산으로 가장한 국군을 투입해 국회 조사단이 올라오면 사격을 하라고 지시했대. 결국 국회 조사단은 김종원의 방해로 제대로 조사하지 못했단다.

거창 사건은 나라 밖의 언론에도 알려져 이승만 정권을 곤란하게 했어. 관련자들은 군법회의에 회부되어 무기 징역과 징역형을 받았지만,

이승만은 이들을 형 집행 정지로 석방하거나 특사로 풀어 주고 경찰 간부로 채용했단다. 이처럼 한국전쟁 기간 정부의 실책을 드러나면서 2대 국회와 이승만의 갈등은 깊어갔단다.

개헌은 전 민중이
갈망한다?

대통령 임기가 4년이니까 1952년에는 대통령을 새로 뽑아야 하잖아. 당시 헌법에는 국회의원이 대통령을 뽑는 간접 선거로 규정돼 있었지. 앞에서도 말했지만 한국전쟁 동안 이승만과 국회와의 갈등이 깊어져 제헌국회 때처럼 대통령 재선이 쉽지 않았어. 그런 까닭에 이승만은 전쟁 중임에도 틈틈이 헌법 개정 이야기를 꺼냈단다. 1951년 2월 9일, 이승만은 기자단과 회견 자리에서 이렇게 말했어.

(문) 지금 국회 일부에서 개헌 운동이 대두하고 있는 것으로 보이는데 대통령 직접 선거 및 상하 양원제 개헌안을 찬성하는 데 변함없는가?

(답) 급속히 실현되어야 한다고 생각한다. 이북 총선거를 실시한 다음에는 즉시 상하 양원을 만들어야 하고 또 대통령은 직접 국민투표로 하도록 헌법을 개정하여야 할 것이다. 이 사업까지 완수하면 내가 일생에 하고저 하던 일은 다 하는 셈이 될 것이다. (〈동아일보〉, 1951년 2월 10일)

정·부통령 직접 선거제를 위한 개헌안은 1951년 10월에 국무회의에서 논의됐고 11월에 국회로 보내졌어. 개헌의 이유는 아래와 같아.

대통령 역시 공무원의 한 사람일 뿐만 아니라 행정부의 수반이며 국가를 대표하는 중책을 가지는 것이므로 다른 공무원보다 한층 더 주권자인 국민의 의사가 그에게 직접적으로 반영 침투되어야 할 것이며, 부통령 역시 그러하여야 할 것이다. 이러한 견지에서 보면 대통령과 부통령을 간접적으로 선거한다는 것은 민주주의의 이상에 철저하지 못한 것이므로 이 이상에 맞도록 대통령과 부통령의 직접 선거 제도를 채택하려는 것이다. (〈자유신문〉, 1951년 12월 4일)

1952년 1월 17일, 이승만은 "개헌은 전 민중이 갈망한다"는 담화까지 발표했지만, 다음 날 개헌안은 반대 143표 대 찬성 19표라는 엄청난 차이로 부결됐어. 개헌안이 부결되자 이승만은 개헌을 반대한 국회의원을 국민이 소환해야 한다며 이는 법적으로 정당하다는 담화를 발표했어. 그 뒤부터 국회의원 소환 시위가 국회의사당 정문 앞에서 진행됐고 부산 시내의 전신주와 담벼락에 벽보가 붙었어.

(1) 민의를 무시한 국회의원을 소환하자 (2) 개헌안은 민중의 총의다 (3) 민권을 박탈하는 자는 반역이다 (4) 대통령 직접 선거와 상하 양원제를 절대 지지한다. (〈경향신문〉, 1952년 1월 30일)

<그림 11> 이승만을 지지하는 국회 해산 관제 데모

지방에서는 국회의원의 소환을 요구하는 시위가 열리고 소환 연판
장을 받는 일까지 일어났대. 그리고 이승만은 전쟁으로 인한 나라 안팎
의 불안정과 치안 유지를 구실로 미루어 오던 지방의회 선거를 실시하
겠다고 공포했단다. 곧 1952년 4월 21일과 5월 10일에 시·읍·면 의회
와 도의회 선거가 서울·경기도·강원도와 지리산 일대를 제외한 지역

<그림 12> 이승만을 지지하며 국회 해산을 요구하는
자유당 쪽 지방의원들의 시위를 알리는 자유당 화보

에서 실시됐어.

한편 내각 책임제 개헌안이 123명의 국회의원의 연서로 4월 17일
국회에 정식으로 제출됐어. 그러자 또다시 개헌 찬성 국회의원에 대한
규탄, 날인 취소를 요청하는 국회의원 소환 운동이 전개됐지.

5월 14일, 이승만은 긴급 국무회의를 열고 상하 양원제와 대통령
의 직접 선거제를 내용으로 하는 개헌안을 의결하고 공고했어. 이렇게
1952년 4~5월, 전쟁을 치르는 동안 국회와 정부에서는 각각 내각 책
임제와 대통령 책임제 개헌안을 제출했단다.

헌병에 끌려간
국회의원들

이승만은 1952년 5월 25일에 부산을 포함한 경상남도와 전라남·북도 일부 지역에 비상계엄을 선포했어. 이날 내각 책임제 개헌안을 제출했던 야당의원 12명은 국제공산당과 내통했다는 혐의로 체포됐어. 다음 날 아침, 국회의원 48명을 싣고 국회로 향하던 버스가 통째로 헌병대로 연행돼 구금당했단다. 이날의 상황을 계엄사령관 원용덕은 다음과 같은 담화로 알렸지.

> 계엄령하에서 각 중요 기관을 경비 중 5월 26일 오전 10시 30분 한 대의 버스가 임시중앙청 정문 검문소를 무단 돌입하므로 이를 제지하고 즉시 동문에 있는 인원의 신분 증명서의 제시를 요청하였으나 그들은 이를 거절하고 (…) 차내의 인원들은 자발적 하차를 하지 않은 채 수 시간이 경과하자 부득이 견인차로써 제70 헌병 차고로 직행키로 된바 그들은 차내에서 차의 핸들을 트러 운행을 극력 방해하였다.(〈경향신문〉, 1952년 5월 29일)

<그림 13> 국회의원이 탄 차를 가로막는 헌병들

　이것이 당시 임시 수도였던 부산에서 정치파동의 시작을 알리는 첫 장면이야. 이 일로 국회의원의 일부는 체포됐고 일부는 피신했고, 일부는 신원 파악이 불가능했어. 이로 인해 국회의원 성원이 부족해 열리지 못했던 국회는 6월 1일 개회됐지만 상황은 조금도 나아지지 않았단다. 정부에 의해 동원된 폭력 조직 등의 관제 데모대가 이승만을 지지하며 국회 해산을 요구하는 시위를 매일 벌였거든.

　이 사태의 해결책으로 제3의 개헌안이 기초됐는데, 새로 만든 것은 아니고 국회의 내각 책임제 개헌안과 정부가 제출한 대통령 직선제 개헌안을 일부 발췌, 절충한 개헌안이야. 그래서 '발췌 개헌안'이라고 부른단다. 주요 내용은 아래와 같아.

　1. 대통령 직선제
　2. 상하 양원제

3. 국무위원을 국무총리 제청에 의해 대통령이 임면

4. 국무위원에 대한 국회의 불신임 결의(단 국무원 조직 완료 또는 총선거 직후의 신임 결의로부터 1년 이내에는 할 수 없음)

발췌 개헌안은 이전에 부결된 정부 제안 개헌안과 비슷하다며 비난받았어. 그러나 이승만은 이 개헌안이라도 통과시키려 했어. 이에 온갖 수단을 동원하지.

7월 3일, 국회가 열리는 임시 중앙청 정문에서는 나가는 사람을 일일이 조사했고 의사당 앞에는 경찰관이 배치되어 외부의 출입을 금지했단다. 방청객이 출입하던 옆문은 폐쇄되고 의원이 출입하는 정문만 열고 일일이 출입증을 확인했대. 또한 국제공산당과 내통했다며 한 달가량 구속했던 10여 명의 국회의원들도 석방돼 출석했어. 개헌안을 통과시키려면 국회의원의 동원이 필요했던 거야.

7월 4일 저녁 8시, 드디어 결정의 순간이 왔어. 경찰과 군대에 의해 포위된 가운데 국회에서는 발췌 개헌안을 놓고 166명이 출석하여 찬성하는 사람이 일어나는 기립 투표 방식으로 표결했다는구나. 그 결과 찬성 163표, 기권 3표로 가결됐단다.

아무런 토의도, 어떠한 이의도 없이 1시간 반 만에 통과됐어. 1차 헌법 개정은 40일간의 정치파동을 거쳐 이렇게 이루어졌단다. 다음날 이승만은 "국회 내에서 민의를 존중히 여겨 이 문제 해결책에 전후 협력한 의원 여러분들의 공로를 치하한다"는 개헌안 통과 담화를 발표하지.

정견도 공약도 없는 선거

1952년 7월 18일, 정부는 제2대 대통령선거를 8월 5일에 선거를 실시한다고 공고했어. 그리고 7월 26일 입후보자들이 중앙선거관리위원회(이하 중앙선관위)에 등록했어. 우리나라 최초의 대통령, 부통령 직접선거의 선거 운동 기간은 8일이었단다.

당시 야당의 지도자였던 장면은 '대통령 출마를 사양함'이라는 성명서에서 이렇게 말했대. "국회에서 아무 토론의 기회도 없이 부자유한 분위기 가운데서 순식간에 통과된 소위 발췌안에 의한 새 선거법이 공포된 지 불과 수 주간에 직접 선거를 실시한다는 것이 과연 야인에게까지 공정한 기회를 주게 되는 것인지는 현명한 국민 여러분의 판단에 맡기고자 한다."

제2대 정·부통령 선거는 출발부터 공평하지 않았던 거야. 7월 19일, 집권당인 자유당은 대통령 후보에 이승만, 부통령 후보에 이범석을 지명했어. 이승만은 자유당 전당 대회에서 다음과 같이 말하지.

얼마 전부터 내가 스스로 결심하고 내가 대통령 입후보를 아니하겠다는 작정을 공표해서 여러 번 천명하여 온 것인데, (…) 자유당에서 벌써 나를 다시 대통령 후보로 하고 (…) 민중이 자발적으로 나를 원하고 원하지 않고를 표시하는 것은 막을 수 없고 오직 내가 받고 아니 받는 것은 자유로 작정할 것이지만 (…) 자유당에서는 이런 말을 발설치 말아 줄 것을 부탁하는 바이다.(〈동아일보〉, 1952년 7월 20일)

이승만의 메시지는 자유당은 자신을 지명하지 말라는 내용이었어. 그런데 사람들은 모두 이승만의 입후보를 예상했지. 그래서 헌법도 바꾼 거잖아. 예상은 어긋나지 않았어. 후보자 등록 다음날인 27일, 진해 별장에서 이승만은 담화를 발표해 선거 출마를 알렸단다.

(…) 이번에 소위 정치상 파동이 일어난 것이 다 이분들이 외국인의 힘을 빌려 나를 결단 내려는 중에서 생겨난 것이니 (…) 나의 주장하는 바는 민중이 대통령을 뽑아서 행정부 수령의 책임을 맡긴 뒤에는 대통령이 자기의 행정할 기관을 자기 뜻에 맞는 대로 조직해서 그것을 통하여 정령政令을 행사하는 것이 민주 국가의 정당한 원칙으로 아는 바이니 군주 국가에서는 (…) 군주가 총리를 택임하여 총리가 행정부 수반으로 행정하며 국회에서 불신임안이 통과되면 그 내각이 해산되고(…)(국방부 정훈국 전사편찬위원회 편, 『한국 전란 3년지』, C65~67쪽)

이승만은 부산 정치파동은 자신을 몰아내려고 일어난 것이라 했어.

<그림 14> <그림 14-1> 이승만 지지 선거 포스터

<그림 14-2> 이승만을 지지하는 선거 운동 대열

그리고 민주 국가와 군주 국가의 차이를 설명했네. 곧 민주 국가는 대통령이 자기 뜻대로 행정기관을 조직하는 정치이고 군주 국가는 내각 책임제를 시행하는 것이라 했어.

이승만은 자유당 총재였지만 자신은 민의(民意)에 의해 입후보했다며 자유당의 지명을 부정했어. 7월 29일, 이승만은 내무부에 자신의 선거 벽보를 떼라고 지시하지. 그러자 경찰들이 이승만의 선거 벽보를 없앴단다. 자유당은 경찰의 선거 방해를 비난했지만 이승만은 자신의 지시라는 담화를 냈어.

선거 운동 기간인 8일 동안 이승만은 국민의 뜻 때문에 출마한다는 담화 말고는 어떤 정견도 발표하지 않았어. 유권자들로서는 대통령 후보가 앞으로 어떤 정치를 할 것인지, 알 수 없었던 거야. 여론도 좋지 않았지. "유권자와 국민을 무시하는 것이요 선거의 예의에 어긋난 일"이라며 비난했어. 여하튼 이 선거에서 대통령 입후보자는 조봉암, 이승만, 이시영, 신흥우였고 부통령 입후보자는 이윤영, 이범석, 백성욱, 함태영, 이갑성, 전진한, 임영신, 조병옥, 정기원으로 정해졌어.

"이대로 더 4년을 살아갈 수 없다!"

제2대 대통령 선거에서 가장 먼저 출마를 알린 사람은 조봉암이었어. 그는 7월 24일에 출마의 계기를 "혁명 선배들의 간곡하신 권고도 있으시고 또한 대통령이래야 행정의 책임을 지고 혁신할 것은 해야 하는 까닭에 미력을 불구하고 드디어 대통령 입후의 의를 결하기에 이르렀습니다"라고 밝혔어. 27일, 이승만도 "100만 명의 연판장이 들어와서 방에 쌓여 있으며 남녀동포가 문 앞에 와서 밤을 새우며 내 허락을 얻겠다고 울며 호소하고 있으니 (…) 입후보했다"고 말했어. 초대 부통령이었던 이시영도 "특권 정치를 부인하고 민주 정치를 확립하겠다"는 포부를 밝혔어.

가장 먼저 출마를 알린 조봉암은 "우리는 이대로 더 4년을 살아갈 수 없다!"라며 다음과 같이 정견을 발표했어.

1. 국민 총력 집결의 체제를 확립하고 UN군과 적극 협조를 함으로써 하루 빨리 승리에의 길로 성전의 완수를 기할 것이다.

2. 주권 강화와 아울러 민족의 단결을 공고히 하여 자주적 외교를 확립할 것이다.

3. 국제 관계에 있어서의 감정 대립을 완화시키고 민주 우방과의 우호 친선을 증진할 것이다.

4. 동포가 서로 사랑하고 아끼는 정신을 크게 일으켜 국민의 사상을 정화시키고 억지로 반대파를 공산당으로 만들려는 죄악적인 파쟁을 근절할 것이다.

5. 해방 이후 악질적인 부패 정당의 폐습을 계승한 행정의 빈곤으로 말미암아 민생고는 날이 갈수록 심해지는 것이니 이의 해결을 위한 근본적인 광정책匡正策을 강구할 것이다.

6. 독재적 경향이 빚어내는 질식 상태에서 모든 국민을 해방시키고 관권 남용을 방지함으로써 민폐를 일소하는 동시에 언론의 자유를 보장하고 국민의 기본 권리를 절대적으로 옹호할 것이다.

7. 양심적인 애국자와 유능한 인재를 광범히 기용하여 행정면의 부패성을 획기적으로 쇄신할 것이다.

8. 사무 처리의 기민을 위하여 특별법을 제정 실시할 것이다.

<그림 15> 조봉암 선거 광고

9. 민주 우방 제국의 경제 원조를 유효적절하게 활용하며 먼저 중농 정책을 실시하여 농촌의 부흥과 국민 식생활의 자족을 기할 것이다.

10. 노동자의 정당한 이익을 보장하기 위하여 노동법을 급속히 제정할 것이다. (〈경향신문〉, 1952년 7월 30일)

조봉암의 정견을 정리하면 대략 자주 외교, 우방과 친선, 민생고 고려, 국민 기본권 보호, 인재 양성, 중농 정책 실시, 노동법 제정 따위야. 제2대 대통령 선거 상황은 거의 알려져 있지 않아서 당시 후보자들의 선거 운동을 정확히 확인할 길이 없어. 다만 몇 가지 자료를 통해 당시 정황을 엿볼 수 있지. 주한 미국 대사 무초(Muccio)는 「반이승만 후보의 선거 운동에 관해 국무부에 보고」에서 입후보자들의 선거 운동을 다음과 같이 소개했어.

조봉암은 입후보 연설에서 다음과 같은 요지의 발언을 했다. "이승만은 훌륭한 애국자이지만, 지난 4년 동안 그의 정부는 바닥에 이르렀다. 그의 밑에서 4년을 더 있게 된다면 상황은 더욱 나빠질 것이다. 나는 그가 법을 무시하고 있는 것을 알고 있으며, 한국인들은 변화를 원한다." 7월 29일에 조봉암의 지지자 약 5천 명이 부산에서 대중 집회를 개최하였고, 확성기를 단 트럭들이 그를 연호하며 시내를 돌았다. 선거 벽보는 많이 붙어 있지는 않지만, 그를 "혁명적인 정치인"이라고 지적하고 있다. (…) 이시영은 연설을 통해 이승만하에서의 정실주의, 개인적 자유의 부재 등을 강조하고, "책임 있는" 정부로의 개혁을 주장하였다. 신흥우의 연설에서는 생활 수준의 향상, 영예로운 종전, 미국 및 유엔과의 우호적인 관계 등과 같은 진부한 문구를 주장하였다. 이시영과 신흥우는 더 이상의 선거 운동을 하지 않고 있어서, 그들을 지지하는 벽보, 전단, 대중 집회는 보이지 않는다.(국사편찬위원회,『자료 대한민국사』 26권, 231~232쪽).

대통령 후보자 가운데 조봉암이 가장 활발하게 선거 운동을 했네. 여하튼 부산에서 조봉암의 바람이 불었던 것 같아. 주한 미국 대사 무초는 "지방 순회강연 예정지는 대구·대전·서울·인천·청주·공주·전주·군산·광주·목포 등지라고 한다. 조봉암 씨는 평소부터 심사묵고(深思默考)하는 편이지만 이번 선거에서는 맹진하는 탱크와 같이 대담 솔직하게 정견을 토로해 관심을 사고 있다"고 지적했어. 조봉암은 거리에서 과거 4년간의 행정을 비난하고 이승만의 재선을 방해하는 연설을 하면서 사람들에게 큰 관심을 샀어. 그러자 7월 31일 밤부터 부산 시내에 "조봉암은 공산당과 관계가 있다"고 비난하는 벽보가 붙기 시작했단다. 내무부 장관이 조봉암에 대한 흠집 내기를 시작했거든. 무초는 이 상황을 아래와 같이 말했어. 참고로 '제5열'은 국가를 위협하는 집단을 일컫는 말이란다.

공산주의자로 낙인찍는 방식으로 "조봉암 저지" 캠페인이 급박하게 전개되고 있다. 김 내무 장관은 "자유로운 분위기"에 대한 낯익은 상투어를 되풀이하면서도, 현 정부에 대한 합법적인 비판은 허용하겠지만 정전과 남북 협상 등 국가적 이해에 반하는 정책을 옹호하는 제5열의 활동은 허용하지

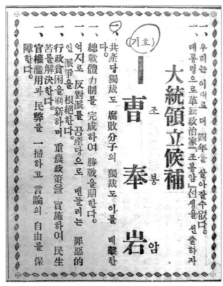

<그림 15-1> 조봉암 선거 광고

앓겠다고 하면서 "어떤 대통령 후보"에 대해 경고하는 성명을 발표하였다. 현재까지 알려진 바로는, 조봉암은 이승만의 내정에 대해 비판하는 것에 그칠 뿐이고 협상을 통한 정전이나 통일에 대해서는 아무 언급을 하지 않았다.

이승만에게 집중하던 부통령 후보 조병옥도 갑자기 주의를 조봉암으로 돌렸어. 그를 비난하는 성명을 발표했지.

30일, 동래에서 조병옥 씨는 (…) "그는 제2의 티토를 꿈꾸는 어리석은 자이며 그의 사상은 애매하다 그리고 부산에서 조(봉암)를 8할가량이 지지하고 있다고 하는데 그렇다면 위헌을 하더라도 이 박사를 지지하겠다"고 말하여 큰 파문을 던지고 있다.(〈경향신문〉, 1952년 8월 3일)

조봉암이 부산 지역 유권자 80%의 지지를 받는다는 이야기가 퍼지자 차라리 이승만을 지지하겠다는 조병옥의 성명이야. 그러자 조봉암은 "내가 농림부 장관이나 국회 부의장을 할 때에는 아무 말도 없다가 대통령에 입후보하니 공산당이라는 비난을 퍼붓는 것은 부패 분자들의 상투적 수단이다"라고 지적했어. 그러면서 "조봉암이 기권했다든가 조봉암이 붙잡혀갔다는 등등의 얼토당토않은 모략 선전에 조금도 속지 말라"며 끝까지 지지를 강조했지.

누구나 예상한
선거 결과

당시 가장 유력한 부통령 후보는 이범석이었어. 대한여론협회의 사전 여론 투표에서도 가장 많은 표를 얻었대. 이범석은 내무부 장관으로 부산 정치파동을 일으킨 중심인물로 자유당의 지지를 받고 있었거든. 그런데 결과는 달랐단다. 거의 이름이 알려져 있지 않은 무소속의 함태영이 당선된 거야.

이범석의 탈락은 아마도 이승만의 공식적 지지가 없었기 때문일 거야. 이승만은 대통령 입후보 담화에서 "부통령 후보자를 지정해 달라고 (해서) (…) 이에 대해서 누구를 추천하고자 아니한다"라고 말했어. 즉, 자유당이 지명한 이범석을 지지하지 않겠다는 뜻을 내비친 거야. 뒤이어 심계원장(감사원의 전신)을 사임하고 부통령에 출마한 함태영이 관심을 받으면서 그 이유가 밝혀지지. 이승만이 함태영을 지지한거야.

자유당의 천거를 받은 부통령 입후보자 이범석의 선거 운동원이 서울과 광주에서 선거법 위반으로 검거됐고, 이범석을 지지하는 경찰 간부가 구속됐어. 그러자 자유당은 "경찰이 선거에 간섭하고 있다"고 규

<그림 16> 이승만이 자신을 부통령 후보로 지명했다는 함태영 부통령 후보의 광고

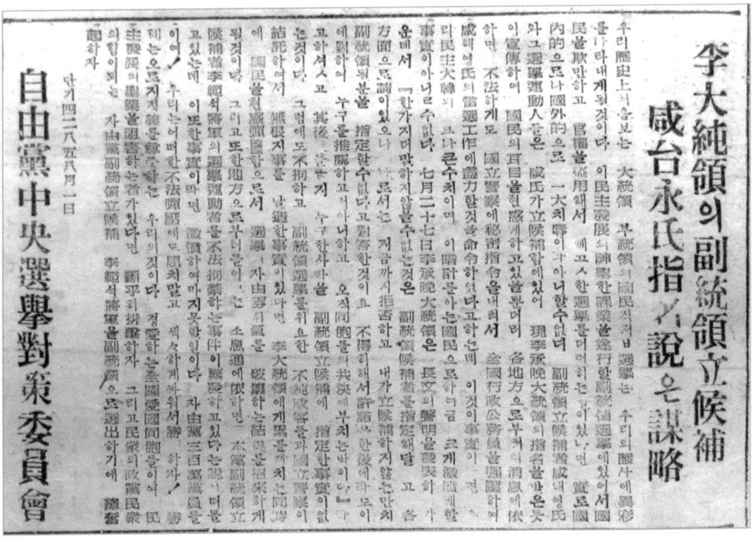

<그림 16-1> 이승만이 함태영을 부통령으로 지명했다는 사실이 모략이라는 자유당의 성명서

탄하는 성명을 발표하고, 국무총리, 내무부 장관, 치안국장을 민주주의 파괴 분자라고 비난했어. 주한 미국 대사 무초는 함태영이 부통령으로 당선되는 과정을 아래와 같이 말했어.

이번 선거에서 아마도 가장 의미 있고 확실히 가장 놀라운 점은 선거 마지막 순간에 장택상 국무총리와 내무장관의 압박에 의해 함태영이 이범석을 누르고 부통령에 당선된 사실이다. 경찰이 '반칙'을 저질렀다는 자유당의 비난에도 불구하고, 사실 노골적인 협박이나 압력 등은 전혀 필요하지도 않았다. 이승만이 부통령에 함태영을 원한다는 말을 아래로 전달하기만 하면, 사람들은 그들이 기대하는 바대로 하였다.

이승만의 대통령 재선은 누구나 예상 가능한 일이었어. 다만 어느 정도 지지를 얻어낼 것인가가 관심이었지. 〈표 8〉은 제2대 대통령 선거 결과야.

총 투표율은 88.1%였어. 이승만은 74.6%를, 조봉암은 11.4%를, 이시영은 10.9%를 얻었어. 조봉암은 서울 10.3%, 전북 15.4%, 경북 10.6%의 높은 지지를 받았어. 모두들 조봉암의 지지율에 놀랐단다. 특히 경남에서는 이승만이 55.4%로 전국에서 가장 적은 득표율을 얻었는데, 조봉암은 23%를 얻었어. 짧은 선거 운동 기간 일부 지역에서 조봉암의 바람이 불긴 했지만 이러한 선거 결과가 나오리라 아무도 예상하지 못했거든. 언론은 그 이유를 다음과 같이 분석했어.

<표 8> 제2대 대통령 선거 득표자 수와 비율(%)

시도	조봉암		이승만		이시영	
	득표수	비율	득표수	비율	득표수	비율
서울	25,631	10.3	205,300	82.2	14,883	6.0
경기	44,967	6.0	657,174	87.7	34,704	4.6
강원	10,516	2.7	366,583	92.4	13,378	3.4
충북	25,875	5.8	386,665	86.7	23,006	5.2
충남	56,590	7.3	636,061	82.4	58,754	7.6
전북	109,490	15.4	468,220	65.9	96,271	13.6
전남	99,885	8.9	823,587	73.6	165,245	14.8
경북	129,791	10.6	921,988	75.0	140,271	11.4
경남	288,654	23.0	693,523	55.4	211,544	16.9
제주	6,105	6.4	79,668	83.8	6,659	7.0
총계	797,504	11.4	5,238,769	74.6	764,715	10.9

참조 : 중앙선거관리위원회, 『대한민국 선거사』 제1집, 736쪽.

제2대 대통령 선거 득표율(%)

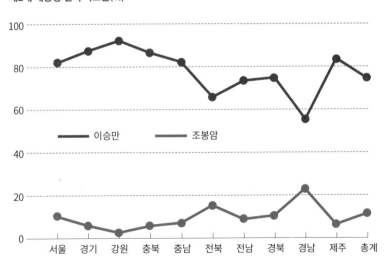

조봉암 씨의 선거 운동은 본인 자신의 활동에 의해서 비교적 활발한데 (…) 중간 내지는 전향한 좌경적인 층과 도시의 의식층 등에 침투하는 한편 그가 의장으로 되어 있는 농민회의 관계를 이용하여 농촌으로 뻗어 오려고 할 것이다.(〈부산일보〉, 1952년 8월 3일)

미국 대사 무초도 조봉암이 지식인과 도시 노동자 층에서 높은 득표율을 얻었다고 분석했단다. 그리고 그는 이승만의 지지와 관련해서 "투표 과정에 부정이 없었다면, 특히 반대 후보의 선거 운동 기회가 더욱 보장되었다면, 이승만이 유효 투표의 74.6%에 이르는 절대다수의 득표율을 기록하지는 못했을 것이다"라고 평가했어. 〈표 9〉에 따르면 부산 을 지역구는 조봉암이 이승만을 앞섰어. 전반적으로 부산 주변 지역에서 이승만의 득표가 낮았는데, 정권에 대한 불만이 증대하고 있었음을 알 수 있어.

<표 9> 이승만과 조봉암의 부산시 득표수

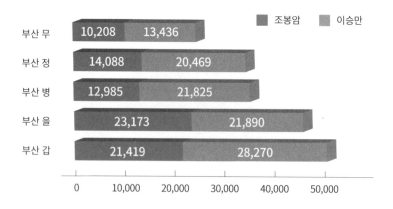

부통령 선거 결과는 함태영 294만 3813표, 이범석 181만 5692표, 조병옥 57만 5260표, 이갑성 50만 972표, 이윤영 45만 883표, 백성욱 18만 1388표, 전진한 30만 2471표, 임영신 19만 211표, 정기원 16만 4907표로 나타났어. 이범석보다 함태영이 무려 100만 표 넘게 받았네.

이런 결과가 나온 까닭은 이범석과 자유당의 주장처럼 관권 선거였기 때문이야. 1952년 제2대 대통령 선거가 어떻게 진행되었는지 아랫글을 읽으면 좀 더 분명하게 알 수 있을 거야.

나는 금번 선거는 관선이라고 단정할 만큼 자유 분위기는 결코 보장되었다고 보지 못하는 것이다. 경찰은 통행 시간만 지나면 출동하여 이승만 박사, 함태영 씨 이 두 분 외의 벽보는 다 뜯어버린다. 투표소에서 이 두 분의 참관인은 경찰의 입회하에 용지를 꼭 꼬집어 각기 이승만 박사, 함태영 씨 두 분의 기호 아래 표할 것을 요구한다. 어떤 투표소에서는 결석 인원이 50명 혹 30명이 된다. 그것을 다 자기들이 무인을 찍어서 본인이 출두하였다고 가장하고 이승만 박사, 함태영 씨에게로 투표하여 버린다. (…) 또 어떤 곳에서는 대통령 부통령의 입후보자를 전연히 공고하지 아니한 곳도 있다. 그리하여 이·함 씨의 현수막이며 벽보만이 정렬하게 한다.(김준연, 「월요시평」, 〈동아일보〉, 1952년 8월 11일)

최초의 직접 선거였던 제2대 대통령 선거는 이처럼 관권 선거로 출발했는데 그 결과 이승만은 74.6%의 지지를 받게 된단다.

우리가 몰랐던 선거 이야기 ❸

지방자치제의 역사

일반적으로 지방자치제는 근대 민주주의 제도의 하나로서 지역 주민
의 정치 참여 기회를 확대하고 중앙 권력의 관료성과 독재성을 통제한
다는 의미가 있어. 지역 주민의 정치의식을 높이고 정치 참여의 수단
이라는 점에서 풀뿌리 민주주의의 출발이라고 해. 지금부터 지방자치
의 역사를 한번 살펴보자꾸나.

제헌 의회는 1949년 7월, 헌법 제97조에 의거해 법률 제32조로 지
방자치법을 제정했어. 이 법의 주요 내용은 아래와 같아.

- 지방자치 단체는 서울특별시와 도 그리고 시, 읍, 면의 2종류를 말한다.
  서울특별시와 도는 정부의 직할 아래 두고 시, 읍, 면은 도의 관할 구역
  안에 둔다.
- 자치 단체의 구성은 삼권 분립 형태를 취함으로써 의결 기관과 집행 기
  관이 상호 견제하도록 했다. 그 방식은 의회 해산권과 단체장 불신임권
  이었다.
- 지방의회는 지방자치 단체의 의회를 말한다. 지방의회는 주민이 직선

한 임기 4년의 명예직 의원으로 구성하고 의회 의결권에는 제한을 두었
으며 의원 수는 인구 비례로 책정했다.

- 집행 기관으로 도지사와 서울시장은 대통령이 임명하고, 시, 읍, 면장은
  지방의회에서 무기명 투표로 선거한다.

- 지방자치 단체의 하부조직으로 도에는 군을 두고, 인구 50만 이상의 시
  에는 구를 두며, 시, 읍, 면에는 리와 동을 둔다. 군수와 구청장은 국가
  공무원으로 임명하고 이장과 동장은 주민이 직접 선출한다.(구로역사연
  구소,『우리나라 지방자치제의 역사』, 107~108쪽)

이승만은 지방자치 단체장의 임명제 논란을 잠재우려 통일 뒤에
지방자치 단체장을 선거제로 할 것이라는 담화를 발표했어. 그런데
1949년 12월, 이승만 정부는 이 법을 한 번도 시행하지 않고 개정했어.
개정된 법은 "비상사태하에서 대통령에게 지방의회 의원 선거를 연
기 또는 정지할 권한"을 부여했어. 또한 지방의회가 성립될 때까지 의
회의 의결이 필요한 사항에 대해 서울특별시와 도는 내무부 장관, 시·
읍·면장은 도지사의 승인을 얻어 시행하도록 했고, 지방의회에서 선
출하게 되어 있는 시장은 대통령이, 읍·면장은 도지사가 임명하도록
했어. "지방의회가 성립될 때까지"라는 단서 조항을 두어 행정의 공백
을 불러오지 않고 지방의회 선거를 미룰 수 있었던 거야.

이승만 정부는 나라 안팎의 불안정과 치안 유지를 구실로 미루어 오
던 지방의회 선거를 1952년 4월 25일(시·읍·면 의회)과 5월 10일(도의
회)에 각각 실시한단다. 선거 결과, 이승만 지지자들이 60% 이상 당선

됐어. 이승만이 지방의회 선거를 실시한 까닭은 앞서 말했듯이 대통령 직선제로 헌법을 개정하기 위함이었어.

최초로 직접 선거에 의한 지방의회를 구성하고 거기에서 시·읍·면의 단체장을 선출하는 지방자치제는 이승만 정권의 입맛에 따라 선거 결과가 나왔지만, 종종 민심은 이를 거슬렀지.

이승만은 1956년 2월, 지방자치법 2차 개정을 단행했어. 주요 내용은 지방의회의 자치 단체장에 대한 불신임 제도를 폐지하고 시·읍·면장을 직선제로 선출하는 거야. 이에 지방 관료의 권한은 강화하고 지방의회는 허울 좋은 자문 기관으로 전락시켰다는 비판이 일었단다.

이승만 정부는 자치 단체장 선거를 직선제로 하면 자유당 인사들이 지방 행정을 장악할 수 있을 거라 믿었단다. 그런데 대통령 선거 때 득표가 예상보다 저조했잖아. 그러다 보니 걱정이 생긴 거야. 야당계 인사가 주요 도시의 단체장이 되면 이승만 정부에게 큰 정치적 부담이겠지.

불행한 사태를 미리 막자는 뜻에서 이승만은 직선제로 개정한 지 5개월도 채 안 되어 법을 또다시 바꿨어. 1956년 7월에 있었던 지방자치법 3차 개정은 "선거 구역 변경 등으로 임기가 만료되지 않은 지방의회 의원, 시·읍·면장은 이번 선거에서 제외한다"는 내용이 들어갔지. 1956년 8월 8일 실시된 제2대 지방의원 및 단체장 선거 그리고 8월 13일에 실시된 서울특별시 및 도의회 선거 결과는 자유당의 압승으로 끝났어.

그런데 문제는 여전히 남아 있었지. 법 개정으로 총선거 대상에서 빠졌던 지방 단체장들의 임기가 만료되면서 전국 각지에서 또 선거를 치러야 했던 거야. 1958년 5월 2일에 있었던 국회의원 선거에서 자유당은 서울을 비롯한 대도시에서는 참패했어. 서울시 16개 선거구 가운데 14개 선거구에서 민주당이 승리했거든. 도시에서 임기가 만료된 지방 단체장들의 자리가 민주당에 쏠리는 것이 두려워 이승만 정부는 또다시 지방자치법을 고친단다. 시·읍·면장을 다시 임명제로 바꾼 거야. 한 국회의원은 이를 두고 다음과 같이 비판했어.

대통령이 지사를, 지사가 시·읍·면장을, 읍·면장이 동과 리장을, 동장은 반장들을 임명한다면 국방장관이 연대장을, 연대장이 대대장을, 대대장이 중대장을 임명하는 것과 같아 지방자치 조직이 아니라 군대 조직, 경찰 조직과 다를 것이 없다. (국회, 『내무위원회 회의록』 제3회(8차), 10쪽)

지방자치법이 또 바뀌자 내무부는 직접 선거로 당선된 야당계 단체장(시·읍·면장)을 내쫓았어. "4차로 개정된 지방자치법이 임명제로 바뀌어 선거로 당선된 시·읍·면장에 대한 기득권 규정이 없다"며 야당계 단체장에게 그만두라고 협박했단다. 이렇게 이승만 정부의 지방자치는 정권의 입맛에 따라 4번에 걸쳐 법이 개정되면서 막을 내린단다.

3장

제3대 대통령 선거

—

1956년,
못 살겠다
갈아 보자!

신익희를 친일로,
조봉암을 친공으로

1952년 7월 4일, 대통령의 권한을 강화한 발췌 개헌안이 통과됐지만 이승만은 여기에 만족하지 않았어. 그래서 7월 17일에 이승만은 새롭게 개헌을 구상하고 있다고 밝혔지만 이를 국회에 제출하지는 못했어. 그러다 한국 전쟁이 끝나고 나서 1954년 제3대 국회의원 선거 때 직접

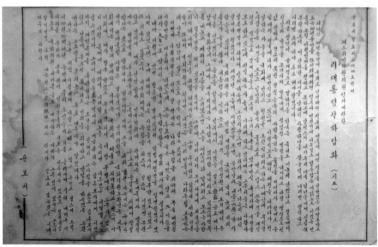

<그림 17> 개헌 조건부로 입후보하라는 담화 발표

나서지. 당시 이승만은 자유당 공천 입후보자를 직접 관리했는데, 그 것도 불안했는지 "개헌 조건부로 입후보하라"는 담화를 발표했어.

> 지금부터는 입후보자에게 이 몇 가지 개헌 문제를 통과한다는 조건을 위해 서 그 다짐을 받고 입후보케 하고 나중에 투표된 뒤에라도 민의를 위반하 고 딴 일을 하는 것을 소환한다는 그 조건을 부쳐 놓고 투표해 주어야 할 것 이다.(공보실,『대통령 이승만 박사 담화집』제2집, 16~17쪽)

자유당 공천 후보들은 개헌안을 찬성하고 추진한다는 서약까지 했 어. 여하튼 그런 상황에서 제3대 국회의원 선거 결과 〈표 10〉과 같이 자유당이 114석으로 제1당이 됐어. 그런데 개헌 정족수인 136석에는 미치지 못했지.

<표 10> 제3대 국회의원 선거 결과(의석 수)

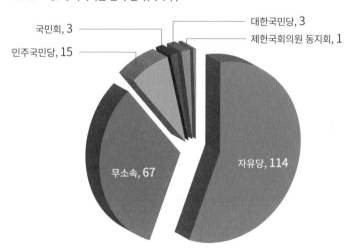

참조 : 중앙선거관리위원회,『대한민국 선거사』제1집, 637쪽.

1954년 9월, 마침내 두 번째 개헌안이 국회에 제출됐어. "초대 대통령에 한해 중임 제한을 철폐한다"는 조항이 핵심이었지. 또한 기존 헌법에 있던 의원 내각제 내용을 모두 없애고 대통령에게 모든 권력이 집중되도록 했어. 즉, 이승만을 종신 대통령으로 만들고 강력한 권력을 주고자 했던 거야. 그런데 1954년 11월 27일, 표결 결과 부결된단다. 재석 203석 가운데 135표의 찬성에 그쳐, 개헌선인 136표에서 한 표가 모자랐던 거야. 그러나 이틀 뒤 열린 국회 본회의에서 사회자는 앞서 부결 선포를 뒤집는단다. 203명의 3분의 2는 135.33임으로 사사오입(반올림)을 하면 135니까 찬성이 135표이므로 개헌안이 통과됐다는 억지 논리를 내세운 거야. 이에 발맞춰 공보실에서는 "정부를 전복하려는 적의 침투 계획이 자유 대한의 생존을 위협하고 있다는 점을 잊어서는 아니 된다. 개헌안을 불가피하게 한 것은 즉 이 위협이 있는 까닭이다"라며 '사사오입 개헌'의 정당성을 주장했단다.

종신 대통령에 대한 반발을 의식해서였을까, 이승만은 자유당 정·부통령 지명 대회(1956년 3월 5일)에 "금년에는 나는 출마 안 하기로 작정했다"고 말을 전해 왔어. 그런데 이것 역시 정치적 쇼에 불과하다는 비판이 이어지지. 다음날 오후 서울 시내에 "국부 이 박사의 삼선은 전 민족의 염원이다"라는 플래카드를 앞세운 궐기 대회가 열려. 통계에 의하면 당시 재출마를 요청하는 시위는 829회로 동원된 인원수만 무려 4420만 7000명에 달했대. 하루 평균 42만 명이 시위에 동원된 셈이야.

이에 야당은 "4년 전 부산에서 한 것과 동일한 수법을 써서 체면을 세우는 교묘한 선거 운동"이라며 "투표권 없는 학생과 우마차까지 동원하여 이 박사가 마치 전 국민의 지지를 받고 있는 것 같이 꾸미고 개인을 위한 선거 운동을 전개하고 있다"고 비난했어.

아니나 다를까, 결국 이승만은 또다시 말을 뒤집는단다. 다시 민의에 따라서 출마하겠다며 공보실을 통해 담화를 발표했거든. 제2대 대통령 선거 때와 마찬가지로 '불출마 선언→뒤집기 요청→마지못한 출마'라는 희극을 연출한 거야.

제3대 대통령 선거일은 1956년 5월 15일로 정해졌어. 대통령 후보는 이승만, 신익희, 조봉암이었고 부통령 후보는 이기붕, 장면, 박기출, 윤치영, 이범석, 이윤영, 백성욱, 이종태로 무려 8명이었단다.

민주당의 대통령 후보 신익희는 "현 대통령의 일인 정치 내지 자유당의 일당 독재 정치는 국정을 부패화시켜 가고 신흥 소수 관료 특권 계급의 조성과 횡포를 초래하고 위헌, 위법 행위는 다반사로 되어 국민을 노예적 복종으로 강요하고 국민 생활을 도탄의 구렁텅이로 몰아넣었다"며 자신이 대통령에 "입후보한 것은 (…) 국민과 같이하고 국민에게 봉사할 결의로서 나섰다"고 출마 의사를 밝혔어. 진보당 추진위원회 조봉암도 "이 나라의 기형적 현실은 대통령이 되어야만 행정의 책임을 지고 고칠 것은 고치고 바로 잡을 것은 바로잡을 수 있게 되었기에 입후보했다"고 말했단다.

이들은 출마의 뜻을 밝히고 부지런히 선거 운동을 했어. 그런데 이번에도 이승만은 신익희, 조봉암 두 입후보자와 다른 행보를 보였단다. 2대 대통령 선거 때처럼 정견 발표도 안 하고, 기자들도 만나지 않았어. 오로지 공보실을 통해 담화만 발표했단다.

이번에는 순행을 아니하기로 작정했으니 그는 다름이 아니라 지금 내가 나가서 한번 각 지방을 순행하게 되면 자연 내가 무슨 이야기를 하든지 세상 안목에는 나를 투표해서 대통령으로 다시 당선되게 해달라는 선거 추진같이 보일 것이니 내가 절대로 원치 않는 바이다.(공보실, 『대통령 이승만 박사 담화집』 제3집, 12쪽)

국민 입장에서 입후보자의 정견과 공약을 모르고 투표한다는 건 있을 수 없는 일이잖아. 그런데 이승만은 정견이나 공약을 제시하지 않고 선거 유세도 하지 않겠다는 거야. 그러면서 야당 입후보자들을 비난하는 담화를 내보낸단다.

가령 공산당과 음모하던 파당이 국권을 잡게 되면 괴뢰군과 합해서 통일한다 하나 우리 국군과 민중이 많은 피를 흘리고 싸워나가는 것을 무시하고 공산당과 합해서 통일하자는 것을 민중은 아무 말 없이 다 끌려갈 것인가? 또는 친일분자들이 피선되면 일본과 친목해서 한일 간의 화동을 부친다 하니 일본이 요구하는 바 우리나라 모든 재산의 8할 5부를 다 허락해 주고 합동하자는 것인가? 결코 침묵할 수 없는 형편이니 명확한 대답을 들어야 할 것이다. 이상 두 가지 문제에 대해서는 대통령 선거 이전에 명확한 대답을 들어야 할 것이다.(〈동아일보〉, 1956년 4월 14일)

위의 담화는 신익희를 친일로, 조봉암을 친공(親共)으로 단정해서 선거 전에 대답을 들어야겠다는 내용이야. 이 담화를 듣고 신익희는

"선거를 앞두고 대통령 후보로 나선 이 박사가 나를 친일 분자니 매국 매족자니 운운한다는 것"은 "너무나 졸렬한 공격"이고 "사실을 날조해서 인심을 현혹시키는" 것이라며 이승만의 "인격을 위해서 유감된 일"이라고 밝혔어. 조봉암도 "선거에 출마한 한 사람으로서 자기의 정견으로 정정당당히 표시될 수 있을지 모르나 대통령의 자격으로 공보실을 통하여 다른 입후보자들을 중상함은 민주주의 상도를 벗어난 일"이고 "평화적 통일을 주장하는 사람들을 매국매족으로 몰아대는 협박"이라고 말했지.

여론은 "반공 애국의 정신은 여당의 전용품이 아니다. 우리 선거민이 듣고자 하는 것은 미우면 '빨강이' 따위의 중상날조가 아니요, 누가 좀 더 청렴하고 능률 있는 행정을 해주겠느냐 하는 것이다"라며 '정정당당히 싸우라'고 요구했단다.

그렇지만 자유당 선거 사무장은 "이 박사가 아무리 대통령 입후보자라고 해도 지방 유세를 할 필요까지는 없으며 국민들은 이 박사의 정책과 앞으로의 4년간의 정책도 잘 알고 있을 것이다"라고 두둔했어. 비판이 계속되자 이승만은 선거가 끝난 뒤에 지방 방문을 약속했어.

그러다 신익희와 조봉암의 선거 유세가 점점 대중의 관심을 받게 되자 이승만은 하루 동안 선거 유세에 나선단다. 5월 3일, 육군 제2훈련소 창설 4주년 기념식에 참석한 이승만은 특별 열차 편으로 돌아오는 길에 논산, 대전, 조치원, 천안, 평택, 수원, 안양 등지의 열차 정거장 앞에서 연설했단다. 내용은 경쟁 입후보자를 친공, 친일분자로 비난하는 것이었어.

못 살겠다 갈아 보자!

민주당 대통령 입후보자 신익희는 정치, 경제, 국방, 외교와 관련한 개선 방안을 "내각 책임제, 자유 경제 원칙하에 기간 산업 건설, 유엔 감시하 남북통일 성취, 원자 무기 등 과학 무기로 전력 강화, 태평양 집단 안전보장기구에의 가입" 따위로 제안했어. 그리고 민주당은 "이 대통령 정치 밑에 무슨 일이 생겼나?" 하는 정치 광고를 했단다. 〈표 11〉은 민주당이 나열한 38개 항목 가운데 10개야.

민주당은 이 밖에도 실업자 홍수, 확정 법률의 불공포, 사사오입 개헌 파동, 양곡 부정 사건, 언론 탄압, 생산비도 못 미치는 쌀값, 비싼 비료 값, 중요 귀속 기업체 불하 부정 사건, 판잣집 철거 따위로 이승만 정권의 실정과 부패를 공격했어. 국민들의 관심도 많았지.

민주당 후보인 신익희는 4월 11일 수송 초등학교에서 첫 정견 발표회를 했어. 5시 정견 발표회 시간이 되자 인근 도로는 물론이고 지붕과 담장 위까지 사람들이 들어찰 정도로 몰렸다는구나. 선거 유세는 지방으로 이어졌단다. 5월 3일, 한강 모래사장에는 24만 명이라는 인파가

<표 11> 민주당의 정치 광고

사건명	내용
① 6·25 사변	'3일이면 평양을 점령한다'고 장담하더니 그 거액의 정보비는 어디에 쓰고 6·25 사변이 일어난 줄도 모르고 있다가 참화를 당했다.
② 방송과 단교	'아군이 반격 중이니 안심하고 있으라'는 녹음 방송을 되풀이시켜놓고 자기들은 도강 피난하고 한강교를 끊은 결과 수많은 사람들이 강에 빠져 죽고 서울 시민들을 생지옥 속에 빠트렸다.
③ 제2국민병 의회 운영 사건	1·4 후퇴 당시 수십만 장정을 집단적으로 후송하면서 국비는 개인적 사용과 정치자금으로 낭비하고 수많은 장정이 동사, 아사, 병사하게 만들었다.
④ 거창 사건	억울한 남녀노유아 수백 명을 학살하였다. 그리고 국회 조사단이 가는 것을 막기 위하여 신성한 국사를 공비로 가장시켜 국회 조사단에 발포케 하여 조사를 못 하게 만들었다.
⑤ 임시토지수득세	전시 식량을 확보하기 위하여 현물세를 만들면서 2, 3년 내 폐지한다 하더니 6년이 되는 오늘까지 폐지하지 아니하고 농민들을 골탕먹이고 있다.
⑥ 정치파동	1952년 4월 야당계 의원 123명이 내각 책임제 개헌안을 제출하자 정부는 5월에 계엄령을 선포하고 7월에 경찰이 국회를 포위한 채 소위 발췌 개헌안이라는 것을 억지로 통과시켰다.
⑦ 중석불 사건	정부에서는 중석불(중석을 수출하여 획득한 달러)로서 비료와 양곡을 도입하였는데 농민과 도시 세궁민(매우 가난한 사람)에게 주지 않고 자유당 의원과 모리들에게 폭리를 시켰다.
⑧ 선거 탄압	정·부통령 선거, 국회의원 선거, 지방의회 의원 선거, 읍·면장 선거, 경찰로 하여금 간섭과 탄압을 무시무시하게 가하였다.
⑨ 병역의 불공평	징집·소집·징용에 있어서 권력이나 돈이 있는 사람의 자제는 별로 안 나가고 권력 없고 돈 없는 사람의 자제는 무리하게 내보냈다.
⑩ 잡부금 80종	잡부금 때문에 국민은 못살 지경이며 진도군에서 151종, 순창군에서는 80여 종이나 되었으며 다른 군들도 비슷한 형편에 있다.

<그림 18> 민주당 선거 벽보

몰렸대. 그날 오후 2시경부터 노량진행 버스와 전차가 차단되어 참다
못한 시민들이 닥치는 대로 택시를 잡아 타고 모래사장으로 달렸다네.
이날 삼각지부터 한강까지 당시로써는 엄청난 금액인 1000환 요금을
받고도 손님이 너무 많아 나중에는 택시 운전수들이 도망쳤을 정도래.

서울의 남대문도 마침내 선거 바람을 뒤집어쓰게 되었다. 숭례문 현판 밑
에 자유당이란 세 글자가 붙어 있고 그 좌우편엔 이승만 박사와 이기붕 씨
의 커다란 초상화가 걸려 있으니 선거 때라고 이렇듯 개인의 사진이 고적

위에 걸리게 된 것도 역사상 처음이거니와 '서울에 가면 먼저 남산과 남대문을 보게 된다' 하던 시골 사람들도 이젠 '서울에 가면 남산과 남대문 그리고 자유당 입후보자들을 보게 된다'고 말하게 되었군.(〈동아일보〉, 1956년 4월 28일)

<그림 19> 동대문에 걸린 선거 벽보

<그림 19-1> <그림 19-2> 자유당의 선거 벽보

앞의 내용은 '서울에 또 하나의 명물'이라는 기사야. 여하튼 자유당은 대한민국 국보 1호인 남대문과 보물 1호인 동대문에 선거 포스터를 걸어놓았어. 문화재에 선거 홍보물이라니, 시대착오적이라는 뜻으로 '자유당 때'라는 말이 한때 유행했던 이유를 알겠지?

공약과 정견 발표는커녕 경쟁자를 친일, 친공으로 몰아붙이던 이승만과 자유당은 선거를 맞아 '반공 통일, 민주 창달, 자립 경제'라는 3강과 14항목을 발표했어. 주요 내용은 〈표 12〉와 같아.

<표 12> 자유당 선거 공약

3강	14항목
반공 통일	① 반공 정신을 함양하고 민족 문화를 앙양한다. ② 국군의 질적 향상과 장비의 신예화를 도모한다. ③ 동남아 집단방위 태세 확립에 노력한다. ④ 국교의 자주성을 확립하고 민주 우방과의 제휴를 일층 더 긴밀히 하여 반공으로서 국토의 통일을 완수한다.
민주 창달	① 대통령 책임제로서 국내 정국의 안정을 기한다. ② 정당의 건전한 발전을 도모하여 민주정치 영위에 만전을 기한다. ③ 인권을 옹호하고 언론 출판 등의 자유를 보장한다. ④ 계급 타파, 남녀평등의 실현을 기하여 공무원의 처우를 개선하고 노동, 원호 등 사회보장 제도를 확립한다.
자립 경제	① 건전 재정을 확립하여 인플레를 억제하고 경제 안정을 기한다. ② 자급자족 경제체제를 확립하기 위하여 산업의 균형 발전을 도모한다. ③ 외국 원조의 증가와 외국 민간 자본의 도입을 촉진한다. ④ 국영 또는 관리 기업을 조속히 민영화한다. ⑤ 중소기업의 육성을 위하여 금융의 원활을 기한다. ⑥ 농지 개량 사업의 강력 추진과 비료 수급의 원활, 곡가의 적정화를 기함으로써 농촌 경제의 조속한 부흥을 촉진한다.

참조 : 동아일보, 1956년 4월 17일

그런데 이 14개 항목은 실현 가능한 정책 방안이 아니라 일반적 언급에 그치고 있어. 참으로 성의 없는 공약이라 할 수 있어.

한편 자유당 부통령 후보였던 이기붕은 정견 발표회에서 반공 포로의 석방을 이승만의 치적으로 치켜세우며 6·25와 같은 변란이 또 일어날지도 모르는 시기에 남에게 곤란을 맡길 수 없어 자신이 출마했다는 말로 공약을 대신했단다.

전쟁하지 맙시다!

진보당 추진 위원회의 대통령 후보자인 조봉암의 선거 구호는 "이것저 것 다 보았다. 혁신 정치밖에 살 길 없다"였어. 조봉암은 정치, 경제, 국 방, 외교와 관련한 개선책을 행정 기구의 간소화와 공무원 최저 생활 보장, 합리적 계획 경제체제 수립, 평화적인 방법으로 남북통일 달성, 집단 안전 보장 체제의 확립과 국방 예산 3할 초과 반대 따위로 제안했 단다.

조봉암은 "전쟁하지 맙시다!"라는 말을 더 자주 했던 것 같아. 이런 행보에 대해 여론은 조봉암은 아무 대책 없는 평화론자이지만 전쟁에 지친 군중들은 박수를 보내고 있다고 했거든. 진보당은 4월 14일 오후 5 시에서 수송초등학교에서 정견 발표를 했어. 이날도 조봉암은 "원자탄 으로 전쟁을 하면 다 죽는다"고 전쟁 없이 통일해야 한다고 주장했대.

또한 "북진 통일 정책은 무력으로 통일하자는 것인데 전쟁의 재발 은 전 세계 인류가 원치 않을 뿐 아니라 이미 수백만에 달하는 귀중한 희생을 치른 우리 민족이 더 이상 동족상잔의 피를 흘린다고 하면 그것

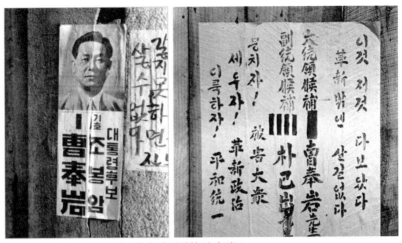

<그림 20> <그림 20-1> 진보당 추진 위원회 선거 벽보

은 곧 민족의 자멸을 의미하는 것이다. 그러므로 우리는 평화적인 방법으로서의 남북통일을 이룩해야 한다"며 이승만의 무력 북진 통일 주장을 공개적으로 비판하면서 '전쟁 반대'를 외쳤어. 언론에서는 군중 심리를 잘 이용했다고 비난했지만, 당시 민중들이 이승만 정권의 무력 북진 통일 주장에 반감을 가졌음을 알 수 있어.

조봉암의 계획 경제 주장은 민주당의 경제 정책과 달랐어. 조봉암은 "8·15 이후 이미 10년이 지났건만 막대한 미국의 원조로도 하나의 기간 산업이 제대로 건설되지 못했고 농본국이면서 해마다 절량 농가가 늘어가기만 하는 것은 그 무엇을 의미하는 것인가. 땜질적 무정책의 연속인 데다가 소수의 특권 계급이 경제 질서를 파괴했기 때문이다"면서 계획 경제의 필요를 제기했어. <그림 20-1>의 진보당 추진 위원회 선거 벽보에는 "뭉치자! 피해 대중, 세우자! 혁신 정치, 이룩하자!

<그림 20-2> <경향신문>에 실린 대통령 후보 조봉암의 성명서

평화통일" 구호가 쓰여 있는데 이는 자유당, 민주당과는 다른 현실 인
식과 전망을 보여 주고 있어.

신익희의 갑작스런 서거로 선거 구도가 바뀌자 진보당 추진 위원회
는 야당 연합을 제기했지만 이루어지지 않았지. 선거 전날인 5월 14일
에 조봉암은 다음과 같은 성명서를 냈어.

성명서

조봉암

공동 투쟁 전선에서 신익희 선생은 불행히도 유명을 달리했지만 야당 단일
후보로서 반독재 구국 투쟁의 선두에 서게 된 본인은 시들어가는 민주주의

터전을 바로잡으며 질식 상태에 빠진 민생을 건지기 위하여 고인이 원하던 구국 투쟁에 일로 매진할 것을 다시금 맹서하는 바이다. 만일 본인이 당선된다면 이 부패하고 혼란한 국정을 혁신하기 위하여 다음 세 가지 당면 과업 수행을 전 국민 앞에 공약하는 바이다.

1. 전 야당 연합의 실을 거하고(결실을 꾀하고) 민주주의 창달을 위하여 거국일치 내각을 조직한다.

2. 국회 의석의 사정이 허여되는 데로 내각 책임제 개헌을 단행한다.

3. 안으로 도탄에 빠진 민생 문제를 해결하는 데 전력을 기울이고 밖으로 민주 우방과 긴밀한 제휴를 위하여 평화적 국토 통일을 촉진한다.(〈경향신문〉, 1956년 5월 14일)

대통령 선거 구호들

제 3대 대통령 선거에서 등장한 "못 살겠다. 갈아 보자!"는 구호는 짧
지만 정확하게 정부에 대한 국민들의 실망감을 대변했던 것 같아. 이
구호에 대해 자유당 부통령 후보였던 이기붕은 "구한국 시대나 일제
시대에 비하면 현재의 생활은 훨씬 좋아졌으며 따라서 못 살겠다는 말
은 부당하다"고 했어. 잘못을 되돌아보기는커녕 식민지 때와 비교하
면서 변명하다니, 집권당 부통령 후보자의 현실 인식이 그 정도였던
거야.

"못 살겠다. 갈아 보자!"에 공감하는 사람이 점점 늘어나자 자유당은
"갈아 봤자 더 못 산다!"로 응수했어. 그러자 민주당은 "더 못 사나 갈
아 보자"로 대꾸했대. 그리고 나중에는 "밑져야 본전이다. 갈아 보자"
로 바뀌었대. 자유당은 "갈고 갈면 가루된다"라고 했어. 아무튼 "갈아
보자"는 구호는 전 지역으로 퍼졌고 "논도 갈고 밭도 갈고 못자리도 가
세"라는 노래가 유행했을 정도라는구나.

폐쇄된 대구 검표장

3대 대통령 선거 때는 민주당 대통령 후보인 신익희가 돌연 사망하는 일이 생긴단다. 정견 발표를 위해 전주로 향하던 기차 안에서 그만 심장마비를 일으킨 거야. 고인의 유해는 효자동 자택으로 이송됐는데, 이를 애도하는 민중들이 서울역 앞으로 몰려 왔어. 유해를 따르는 행렬은 자택 근처인 경무대 앞에 이르렀는데, 여기저기서 "무찌르자 자유당!", "타도하자 독재정권!" 따위의 구호를 외쳤고 경무대 경비 초소 앞에서 투석전이 벌어졌어. 기마경찰이 공포를 발사했고 시위 도중 한 사람이 사망하고 여러 명이 부상당했단다.

흥분된 군중은 7시경에야 겨우 해산. 그러나 어느새 경관과 헌병이 배치되었는지 행진에 참가한 듯한 젊은이들은 빠짐없이 두 손을 위로 올리고 검거되기 시작 때마침 정전까지 되어 일시에 암흑의 거리로 화한 효자동 골목골목에는 종종걸음으로 오가는 행인도 어느새 그쳤다. (〈동아일보〉, 1956년 5월 7일)

이때 경찰은 물론 헌병까지 출동해 무려 780명이 검거되고 110명이 구속됐어. 신익희의 갑작스러운 사망에 충격을 받은 시민들의 슬픔이 '이렇게는 못 살겠다'는 울분으로 터져 나왔던 것 같아. 민주당은 검거된 대다수가 조문하러 온 시민, 어린 학생, 구경꾼, 통행하던 사람들이라며 구속자 석방을 위해 대통령 면담을 요청했어. 그런데 이승만은 "정부를 전복하겠다는 것은 반역 행동이 되는 것이므로 이런 것은 어느 나라에서든지 중대한 안건으로 되는데 이 사건이 신문에도 드러난 것이고 이와 같은 경위하에서 범죄자들을 조사해서 법으로 다스려서 속히 공개로 재판하여 판결되는 것을 기다려야 될 것이니 그전에는 나를 만나보아도 내가 무엇이라고 할 수 없는 것이다"라며 거절했단다. 신익희의 갑작스러운 사망으로 잠시 중단됐던 선거 운동은 다시 시작됐어. 자유당은 "민주당은 대통령 후보를 잃었으니 부통령 후보는 사퇴해야 한다"고 주장했지. 이승만은 다음과 같은 담화를 발표했단다.

> 대통령과 부통령이 각각 다른 당에서 나서 할 수 있다는 소리가 있으니 이 의사는 민국 정부를 공공히 추대하자는 것이 아니고 정부 내에 반대가 나고 변경되는 것을 만들어서 자기들이 아무쪼록 정권을 잡아보겠다는 의사로 나오는 말이다. (〈동아일보〉, 1956년 5월 13일)

민주당 후보가 부통령에 당선되면 혼란이 생기니 둘 다 자유당 후보를 찍으라는 얘기야. 민주당은 대통령 후보는 자유당이나 진보당 어느 쪽도 지지할 수 없다며 부통령 후보 장면의 당선에 힘을 쏟겠다고 했거든.

<그림 21>
"장면 박사에게 표를 모으자!"는 민주당의 선거 광고

여하튼 제3대 대통령 선거는 신익희 서 거 뒤, 관심이 부통령 선거에 쏠렸단다. 자유당은 1956년 3월 5일 대통령 후보에 이승만을, 부통령 후보에 이기붕을 지명 했어.

자유당의 지명보다 중요한 것은 이승 만의 승인이었지. 제2대 대통령 선거 때, 이범석은 자유당 추천을 받았지만 결국 이승만의 승인을 받지 못해 떨어졌잖아. 〈그림 22〉와 같이 이승만은 "내 입장을 분 명히 하기 위해서는 이기붕 민의원 의장 이 부통령 입후보에 추천된 것에 내가 협 의했으니까 다른 두 사람 세 사람을 또 내 가 찬성할 수도 없는 것"이라며 이기붕을 추천했단다. 이기붕도 "자유당 대회의 공 천과 고마우신 이 대통령 각하의 허락하 신 바를 얻어" 입후보했다고 밝혔어.

마침내 5월 15일에 선거가 끝났어. 곧장 개표가 시작됐고 이승만 이 대통령으로 당선됐단다. 그런데 부통령 당선 발표는 사흘이 지났 는데도 결과가 안 나왔어. 무슨 일일까? 대구에서 부통령 개표가 중 지됐기 때문이야. 언론에서는 '공포에 쌓인 대구시'라며 아래와 같이 보도했어.

<그림 22> 이기붕을 지명했다는 이승만의 담화

대구시장 허흡 씨가 대구시 제3개표소를 배회하다 "우연히 장면 박사 투표 철을 보니 그중엔 이기붕 씨 분이 96매가 포함되어 있었다"고 말하였다. (…) 하여튼 허 시장의 검표 초기 과정에서 전기와 같은 것이 발견된 것이 도화선이 되어 개표구 내는 일대 수라장으로 화하였으며 아직 부정이 없다는 제1개표구의 개표까지 중지되고 시청 내는 문자 그대로 공포 속에 잠긴 듯한 감이다. (…) 도 선거 위원회에서는 수차에 걸쳐서 하급 선거원인 시 개표구 선거 위원회에 개표를 지시하였으나 불안한 공기 속에서 실지로 개표는 불능케 되었다. (…) 대구시 제1, 제2, 제3 개표구가 들어 있는 대구시청 정문은 경찰에 의하여 폐문, 한때는 출입 기자증을 가지고 있는 기자까지도 출입의 길이 막힌 바 있었다. (…) 18일 밤도 새고 오늘 19일 사건 제4일째를 맞이하였다.(〈경향신문〉, 1956년 5월 19일)

이것이 언론에 보도된 5월 15일부터 19일까지 대구의 개표장 상황이야. 내용을 간추리면 대구시장이 검표장에 들어가 잘못된 투표 철을 발견하자 개표가 중지됐고, 개표 장소인 대구시청은 무장경찰에 의해 폐쇄됐어. 이 상황을 정리한 것은 이승만이었어. 19일, 이승만은 공보실을 통하여 민주당 부통령 후보 장면이 부통령으로 당선되는 것으로 생각한다는 내용의 담화를 발표했지.

> 나의 관찰로는 선거 결과가 투표를 많이 받은 장면 씨가 부통령에 피선되는 것으로 생각하는 바이며 (…) 나 개인의 관찰로는 이번 선거 절차가 다 결말이 난 줄로 생각하는 바이다. (…) 두 반대 정당에서 대통령과 부통령이 되는 것이 보통 전례도 없는 것이고 또 우리 형편을 보아도 대단히 어려운 일이나 이번 선거 결과로 국민의 사명이 발표되었다.(공보실,『대통령 이승만 박사 담화집』제3집, 16쪽)

중앙선관위장은 이번 사태와 관련해 경찰이 개표를 중단시킬 권한이 없고, 대구시장이 16일 하오 제1개표장에 들어가 부정 투표 용지를 적발했다는 사실에 대해 위법이라며 수사 기관에서 처벌할 문제라고 말했어. 시장은 개표구 선거 위원장의 승인을 얻어 개표소에는 들어갈 수 있으나 검표장에는 들어갈 수 없었거든. 그러나 이에 대한 처벌은 이루어지지 않았단다.

서울시민은
자유당을 싫어해

제3대 대통령 선거는 제2대 대통령 선거때 보다 활기차게 진행됐어. 이승만은 별다른 공약과 정견이 없었지만 야당인 신익희와 조봉암은 여러 안들을 내놓았지. 두 입후보자는 정치적으로 내각 책임제를 주장했으며 경제와 남북 관계에 관해 자유 시장 경제 대 계획 경제, 군비 강화 대 평화통일을 주장했어. 그래서 당시 민주당과 진보당은 한국 야당의 보수와 진보를 대표한다고 평가하기도 해. 다만 안타깝게도 신익희의 갑작스러운 사망으로 정책 대결도, 이대로는 못살겠다는 민중의 분노도 주춤했지. 이때의 선거 결과는 민심이 어떻게 끓어올랐는지 보여 준단다. 〈표 13〉은 제3대 대통령 선거 결과야.

이승만은 득표율 70%에 달한 504만 6437표를 얻었어. 그렇지만 1952년의 제2대 대통령 선거 결과와 비교하면 상당히 낮았단다. 2대 대통령 선거 때는 투표자 수의 72%나 되는 표를 얻었지만 다음 선거인 제3대 대통령 선거 때는 55.6%에 그쳤거든. 특이한 점은 무효표가 무려 185만 6818표나 나왔던 거야. 서울에서 조봉암은 11만 9129표, 이

<표 13> 제3대 대통령 선거 결과(%)

시도	조봉암		이승만		무효표
	득표수	비율	득표수	비율	
서울	119,129	36.7	205,253	63.3	284,359
경기	180,150	22.9	607,757	77.1	271,064
강원	65,270	9.2	644,693	90.8	79,710
충북	57,026	13.9	353,201	86.1	89,517
충남	157,973	22.9	530,531	77.1	212,067
전북	281,068	39.8	424,674	60.2	169,468
전남	286,787	27.9	741,623	72.1	257,768
경북	501,917	44.7	621,530	55.3	275,275
경남	502,507	37.7	830,492	62.3	205,338
제주	11,981	12.1	86,683	87.9	12,252
총계	2,163,808	30.0	5,046,437	70.0	1,856,818

참조 : 중앙선거관리위원회, 『대한민국 선거사』 제1집, 739쪽.

승만은 20만 5253표인데 무효표가 28만 4359표로 가장 많았단다. 왜 그랬을까? 이는 선거 전에 죽음을 맞은 신익희의 추모표였대.

또 다른 특징은 도시에서는 야당이, 농촌에서는 여당이 지지를 받았는데 이러한 경향은 8월 13일에 시행된 서울특별시 및 각 도의회 의원 선거에도 나타난단다. 서울, 대구, 광주, 전주, 인천, 목포, 군산, 이리 등 대도시에서 야당인 민주당이 자유당을 눌렀어. 서울시는 47석의 의석 가운데 민주당이 40석을 차지할 정도였어.

그리고 조봉암의 바람이 확실하게 불었단다. 지난 제2대 대통령 선거 때도 부산과 인근 지역에서 조봉암이 큰 지지를 받았잖아. 조봉암

<표 14> 조봉암 득표율(50% 이상 지역, 명)

	지역	조봉암	이승만		지역	조봉암	이승만
전북	전주시	23,201	12,694	전남	목포시	15,380	12,715
	정읍군	38,656	37,350		완도군	19,415	19,302
경북	대구시	101,120	38,813	경남	진주시	19,525	6,446
	김천시	9,598	4,460		충무시	11,814	4,218
	경주군	13,409	7,176		진해시	13,309	12,172
	달성군	29,142	18,827		진양군	33,016	12,797
	월성군	35,651	25,825		창녕군	28,341	15,877
	영천군	37,783	16,754		양산군	12,143	6,323
	경산군	34,212	11,614		울산군	37,917	27,388
	칠곡군	21,183	8,821		통영군	14,623	8,775
	울릉군	2,816	2,659		고성군	26,525	19,427

참조 : 중앙선거관리위원회, 『역대 대통령 선거 상황, 초대~14대』, 66~71쪽

<표 15> 조봉암 득표가 높은 경북 지역(%)

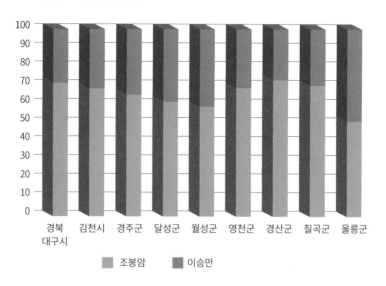

은 경북 44.7%, 전북 39.8%, 경남 37.7%의 지지를 받았어.

조봉암은 전북의 전주시, 정읍군, 전남의 목포시와 완도군, 경북의 대구시, 김천시, 경주군, 달성군, 월성군, 영천군, 칠곡군, 울릉군, 경남의 진주시, 충무시, 진해시, 진양군, 창녕군, 양산군, 울산군, 통영군, 고성군에서 이승만보다 많은 득표를 했단다. 29개 선거구에서는 40% 이상의 지지를 받았어. 경남·경북의 7개 선거구(대구, 진주, 충무, 경산, 칠곡, 진양)에서는 조봉암은 이승만보다 두 배 이상의 득표를 얻었지. 대구에서 이승만은 3만 8813표인데 조봉암은 무려 10만 1120표(72.3%)였단다.

이러한 선거 결과를 두고 일제 강점기 때부터 경상도와 전라도 지역은 농민 운동이 강했고 해방 뒤에도 인민 위원회 활동이 강해 조봉암의

<표 16> 부통령 선거 결과(%)

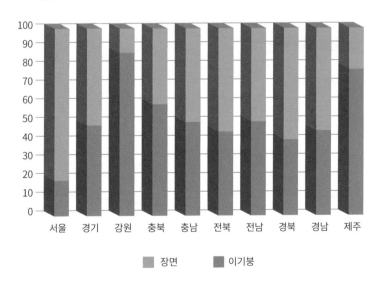

정치 이념과 선거 공약이 영향을 주었다고 분석한단다. 그리고 이승만 정권에 대한 불만이 늘어난 증거라고 할 수 있어.

조봉암의 득표율이 높은 지역에서 민주당의 부통령 후보인 장면의 지지율도 높게 나왔어. 자유당의 부통령 후보인 이기붕은 380만 5502표를, 장면은 401만 2654표를 얻었어.

학생들은 가만히 있으라

제3대 대통령 선거 때도 제2대 대통령 선거와 마찬가지로 경찰이 간섭했을 뿐만 아니라 폭력 선거, 무력 선거, 위협 선거를 자행했다는 지적이 있었어. 국회의원인 정중섭은 전남에서 진행된 경찰의 감시를 이렇게 폭로했어.

제일 곤란한 것은 야당에 소속하지 않은 중간적 입장에 선 사람인데 그들에 대한 이중, 삼중의 감시 방법은 날마다 일기를 쓰게 하는 것입니다. 그 일기를 경찰관이 자기 집에 와서 보면 또한 좋을는지 모르겠는데 그 일기장을 가지고 비자유계 인사들은 하루에 세 번씩 지서에 가서 보이고 날인을 받고 돌아와야 그날을 안심하고 지낼 수 있습니다. 통장, 반장은 밤마다 9시부터 11시까지 같은 장소에 집합해서 경찰관 입회하에 자유당 열성분자의 입회하에 (신익희 씨와 장면 박사는 국제공산당원이라는 내용의) 강좌를 듣고 있습니다. (〈경향신문〉, 1956년 4월 25일)

홍천 지방의 자유당에서는 기호 III 이승만이라고 정확하게 적혀 있고 타당의 입후보자들은 기호 I 김정하 또는 기호 II 원용철 따위로 엉뚱한 이름이 적힌 모의 투표용지를 유권자에게 배부해서 선전했단다. 노골적으로 이승만을 찍으라고 한 거야.

선거 부정은 다양한 방식으로 전개됐지만 공공연하게 드러나진 않았어. 그런데 문교부 장관의 선거 유세와 학생 규제는 너무나 뻔뻔했어. 민주당은 문교부 장관을 선거법 위반으로 검찰에 고발하기도 했단다.

문교부 장관 이선근은 4월 20일에 대전시 각 중고등학교에서 "이 대통령은 위대한 국부적 존재다. 금번 정·부통령 선거에 있어서 이 대통령을 갈아야 한다는 것은 마치 아버지와 어머니를 갈려는 것과 같다. 벼룩이 문다고 하여 아버지를 갈고 빈대가 문다고 하여 어머니를 간다는 것은 말이 안 된다는 것이다"라고 연설하여 대통령 후보자 이승만 박사를 당선시키기 위한 선거 운동을 하였다. (〈경향신문〉, 1956년 4월 25일)

지난 26일 이리고등여학교 강당에서 (…) 이 장관은 "못 살겠다고 외치는 놈들은 일본이나 삼팔 이북으로 보따리를 싸서 쫓아내야 된다"고 폭언함으로써 시민들의 큰 분격을 사고 있다. (〈동아일보〉, 1956년 4월 30일)

문교부 장관은 이에 대해 정치학도로서 선거 운동을 했다며 민주당의 선거 구호인 "못 살겠다 갈아 보자"를 비난했느냐는 기자의 질문에 "이 구호는 자라나는 어린이들과 학도들의 사기를 저하시키는 구호라고 보고 문교부 장관인 나로서 묵과할 수 없는 노릇이다"라고 답했어. 그러나 4월 21일 문교부는 각 학교에 "성년인 대학생이라 할지라도 선거 운동에 참가할 수 없다"며 단속을 지시했어. 당연히 말도 안 되는 거였지. 중앙선관위가 성년에 달한 대학생의 선거는 위법이 아니라고 했거든. 그럼에도 문교부는 "법 위반 여부를 막론하고 교육적 입장에서 금지하는 것이며 특히 집단행동 및 가두선전 등 기타 선거 운동에 참가할 수 없다"고 강조했어.

투표가 끝난 16일에 조봉암은 "자유선거 사상 일찍이 보지 못한 부정으로 시종되었다"는 성명서를, 민주당도 17일에 "투표와 개표에 대한 국민의 의혹을 풀라"는 담화를 발표했단다.

"어렵더라도 복종하라!"

중석불 불하로 인해서 비료와 양곡을 수입하여 자유처분 방임함으로써 농촌에 막대한 손해를 끼치고 농민의 고혈을 문자 그대로 짜아낸 이 중대한 사실(…)

시가 최저 2만 대 1에 해당하는 외화 가격에도 불구하고 6000 대 1인 공정가격으로 불하했다고 합니다. (…) 차액 236억 (또는) 355억의 돈이 어디로 갔는지 행방을 규명해 주시기를 바랍니다.

14개 상사에 대하여 394만 5300불($)인 것입니다. 중석불을 불하받아서 수입한 비료 또는 양곡은 (…) 수입자의 자유의사에 일임한다.(동기는 무엇인가?)

비료 한 가마니당 2만 9000원이면 업자에게 상당한 이득을 주면서 농민에게 배급할 수 있는데 도매로 9만 5000원, (소매로) 20만 원을 초과해서 폭리를 취하게 한 이유가 어디에 있는가. (국회, 『본회의 회의록 제13회-제20호』, 4~5쪽)

위의 내용은 1952년 8월 26일 국회에서 재무부 장관, 농림부 장관, 내무부 장관, 법무부 장관들에게 한 「정부 보유불 및 중석불 불하에 의한 수입 양곡, 비료, 기타 물품 취급에 관한 질문」이란다. 이 내용이 정치자금과 선거 자금 그리고 농민들과 어떻게 연결되는지 하나씩 살펴보자.

① 중석불

중석불이 뭘까? 중석은 텅스텐(tungsten)이야. 전기 전자, 기계, 공구의 재료로 쓰이는데 특히 총과 대포, 폭탄 따위의 군사 무기를 만드는데 사용된대. 무기를 많이 만들면 중석이 많이 필요하겠지.

한국전쟁이 일어나기 전까지 우리나라의 주요 수출품은 김이나 마른 생선 같은 수산물이었어. 그러다 한국전쟁과 함께 광산물이 중요한 수출품이 되었는데 중석이 그중 하나야.

〈표 17〉에 따르면 광산물 수출은 1951년 65%, 1953년 79%, 1956년 64%, 1960년 35%로 후반에 줄어들긴 했어도 평균 60%를 차지했단다. 그중 중석이 1952년 85%, 1953년 96%, 1956년 59%였대. 왜 이렇게 중석의 수출이 많았을까.

한국전쟁은 세계적으로 냉전을 강화시켰고 냉전은 군비 확장을 가

<표 17> 1950년대 수출품(%)

구분	1951	1952	1953	1954	1956	1958	1960
수출액 중 광산물	65	73	79	70	64	46	35
중석 비중	47	85	96	77	59	32	43

참조 : 최상호(2001), 41쪽

져왔어. 특히 냉전의 한 축이었던 미국이 무기 생산을 늘렸는데 그 재료인 중석이 필요했던 거야. 한국에는 상당한 중석 광산이 있었으므로 미국은 이를 수입했던 거지. 이렇게 미국에 중석을 팔아 들여온 돈이 바로 '중석불($)'이야.

② 중석불 불하 특혜

당시에는 달러의 사용을 엄격히 규제했어. 대통령 허락을 받아야 했지. 게다가 기계나 선박 등 산업 자재 수입에만 쓸 수 있었어. 그런 상황에서 정부가 중석 수출로 벌어들인 막대한 달러를 무역업자들에게 배당하면서 특혜를 준 거야.

중석불을 배당받는 것이 왜 이익일까? 공정 환율은 6000 대 1인데 이게 실제 유통되는 환율보다 훨씬 쌌던 거야. 당시 시중 환율이 2만 대 1이었으니 3.5배나 비싸게 되팔 수 있는 거야. 정부로부터 중석불을 받는 일 자체가 큰 이익인 거지. 비리가 속출하고, 중석불을 받은 무역업자들은 그 돈의 일부를 정치자금으로 냈단다. 그래서 회의록에 보면 236억에서 355억에 달하는 큰돈의 행방을 묻고 있는 거고.

③ 무역업자의 전횡

중석불을 받은 무역업자들은 농민을 돕는다는 구실로 식량과 비료를 사들였어. 수입한 비료나 식량(주로 밀가루)은 80%를 정부가 지정한 값으로, 20%는 자유 판매해야 하는데 이게 잘 지켜지지 않았어. 자기들 마음대로 비싼 값에 팔아넘긴 거지.

④ 폭리

무역업자는 '자유 판매'로 얼마나 이득을 얻었을까? 위의 내용을 보면 비료는 한 가마니당 2만 9000원에만 팔아도 이익이 남는데 9만 5000원, 심지어 20만 원에 팔았어. 엄청난 폭리를 취한 거지. 농민들만 피해를 본 거야. 이에 대해 농림부 장관은 농민에게 비싸게 판매한 것은 유감이나 일단 불하한 달러는 업자의 소유이므로 통제하기 힘들다고 대답했단다.

이제 정리해 볼까? 당시 정부에서 지하자원인 중석을 판 대금을 무역업자에게 공정 환율로 나누어 주고 이들 업자에게 밀가루와 비료를 사오게 했단다. 업자들은 시중보다 한참 낮은 가격에 달러를 내주는 정부로부터 중석불을 받기 위해 로비를 하고 대신 정치자금을 낸 거야. 한편으로는 그 돈으로 사온 밀가루와 비료를 시장에 비싸게 팔아서 큰 이익을 남겼지. 이래저래 정부와 결탁한 업자들은 돈을 벌었던 거고 그 피해는 고스란히 국민 몫이 된 거야.

중석불 불하가 정치자금과 연결되고 이것이 부산 정치파동과 깊은 연관이 있다는 여론이 일자 국회 조사단이 꾸려졌지. 하지만 책임자나 사건의 전모를 밝히지는 못했단다. 1950년대 내내 중석불은 끊임없는 의심의 눈초리를 받았어. 이를 조사한 한 의원이 "수입된 밀가루와 비료가 세궁민이나 농민에게 아무런 혜택도 주지 못한 채 400만 불이라는 외화를 불법적으로 남용하여 막대한 정치자금이 이승만 독재 정권을 굳게 하는 데 쓰여졌다는 것을 국민은 모두 알고 있다"라고 말할 정도였지.

금년 비료 값은 (…) 250 대 1까지 올리고 내년에 가서는 이것을 완전히 500 대 1과 같은 가격으로 올리자 하여 협의가 된 것이다. (…) 오늘 농민들의 형편으로는 비료 값을 올리면 어려울 것이나 실상은 비료 값을 올리는 것이 아니라 전에 과도하게 손실을 보고 싸게 판 것을 고쳐서 팔자는 것이니 이것을 잘 알고 아무리 어렵더라도 그대로 복종해 나가기를 부탁하는 바이다. (공보실, 『대통령 이승만 박사 담화집』 제2집, 172쪽)

1955년 9월에 나온 대통령의 담화인데 비료 값이 올랐지만 그동안 싸게 팔았으니 "그대로 복종"하라는 내용이야. 농사를 지으려면 어쩔 수 없이 비료를 사야 하는 농민으로선 울며 겨자 먹기일 수밖에 없는 상황인 거지. 비료 값뿐만 아니라 세금도 문제였단다. 1950년대 한국은 농업국이었어. 산업 구조도 농업이 가장 큰 비중을 차지했지. 그래서 세금도 가장 많이 거둬들였는데, 임시 토지 수득세도 그중 하나였어.

이 세금은 전쟁 기간 식량의 수요와 공급을 조정하기 위해 '임시로' 토지 수익에 대한 모든 조세를 현물로 내게 한 농지세야. 농부들은 돈 대신 쌀이나 보리 같은 수확물로 세금을 냈지. 〈표 18〉에 따르면 조세 수입 총액에서 농민들이 내는 비중이 상당히 높았어.

토지 수득세 수입은 1952년에 국세 총액의 30.4%와 직접세의 51.4%를 차지했고 1957년에는 23.9%와 56.8% 정도였어. 농민에게 얼마나 과중하고 불공평한 부담을 지웠는지 알겠지? 당시 집권당인 자유당도 이 문제를 잘 알고 있었어. 대통령에게 현물로 받던 임시 토지 수득세를 현금으로 바꾸자고 건의하지. 왜 그랬을까? 당시는 인플

<표 18> 조세 총액과 직접세에서 농업 조세(수득세)가 차지하는 비율(%)

구분(연도)	1951	1952	1953	1954	1955	1957	1958	1959	1960
조세총액	21.5	30.4	22.8	14.7	12.0	23.9	14.1	8.9	6.1
직접세	37.6	51.4	40.4	32.8	27.6	56.8	41.3	29.4	23.9

참조 : 김홍상(1986), 176쪽

레가 심하던 시절이라 돈의 가치가 그만큼 낮았던 거야. 언제 쌀값이 또 올라갈지 모르는 상황에서 세금으로 쌀을 내는 것보다는 현금으로 내는 게 농민에게 유리했던 거지. 그런데 여기에 대한 이승만의 담화는 이랬단다.

> 원래 여러 가지 세납을 다 폐지하고 이 수득세 한 가지로만 내게 해서 농가에 폐가 되지 않고 정부 수입과 군량을 지지하자는 의도로 해서 이것을 환영했고 사실상 폐단을 덜게 했던 것인데 (…) 우리가 다 알아야 할 것은 우리가 아직도 전쟁 중이고 어느 때 무슨 화란이 생길지 모르는 이때에 군사상 필요한 군량은 우리가 확보해 두어야 할 것이니 민간에 좀 손실이 있다 하드라도 나라의 안전을 위해서 이것을 지켜주어야겠고 (…) 금납으로 해도 좋다는 말은 전시에 위태한 말이니 현물 수납제를 그대로 시행해야 할 것이다. (공보처, 『대통령 이승만 박사 담화집』 제2집, 160~161쪽)

이 담화는 휴전이 된 지 2년이 지난 1955년 7월에 발표된 거야. 휴전은 전쟁을 잠시 쉬는 것이기에 전쟁 중이라고 표현했어. 현물이 아닌 현금으로 바꾸자는 자유당의 제안을 '전시에 위험한 말'이라며 묵살했지. 그러면서 농민들이 손실을 보더라도 나라를 위해 참으라고 했어. 그래서 1950년대 내내 농민들은 세금을 쌀과 보리인 현물로 냈어. 이 문제가 다시 제기된 것이 1960년 3월 5일 제4대 대통령 선거 때야. 당시 민주당 부통령 후보였던 장면은 춘천에서 열린 기자 회견에서 민주당이 집권하면 토지 수득세를 폐지한다고 공약했어. 자유당은 농촌 경제를 혼란에 빠트리는 발언이라며 반박했고.

수득세는 전쟁으로 인한 경제적 부담을 농민에게 떠넘겨 전후 농촌 사회를 파멸로 이끈 제도적 장치였단다. 당시 돈보다는 쌀, 보리 같은 먹을거리가 훨씬 가치가 있었거든. 이걸 정부에서 세금으로 걷어간 거야. 철저하지 못한 농지 개혁과 과중함 부담, 저곡가 정책으로 농민의 삶은 점점 어려워졌지. 살길이 막막했던 농민들은 도시로 몰려들었고 일자리를 찾지 못한 사람들은 판잣집에서 근근이 살아갔어.

대통령 탄신 축하식

아래는 1956년 3월 30일자 〈경향신문〉 기사인데 일단 읽어 보자.

> 29일 서울 시내는 또다시 교통이 일시 차단되는가 하면 집집마다 국기까지
> 띠어 놓아 잠시 어리둥절. 알고 보니 이날은 우천으로 중지되었던 이 대통
> 령 탄신일을 기념하는 시민 대회가 열린다는 것.
> 연기되었던 대통령 탄신 축하식은 29일 상오 10시 서울운동장에서 성대히
> 거행되었다. 가두에는 초등학교 중학교 학생들이 도열하였으며 각 관청에
> 서도 축하식에 참석하고자 방지기만 남겨 놓고 전원이 참석하여 문자 그대
> 로 개점휴업 격이 되었는데 지난 26일은 공휴일로 관청을 비롯하여 각 기관
> 이 쉬었으니 이렇게 되고 보면 이중 경축을 부득이하게 되는 셈이 아닐까.

내용을 요약하면, 원래 3월 26일이 대통령 탄신 기념일인데 비가 와
서 29일로 연기되었고 덕분에 공무원은 이틀씩이나 쉬었다는 거야. 공
무원이 쉰다는 말은 삼일절이나 개천절 같은 국경일이라는 뜻이고. 실

<그림 23> 이승만의 80회 생일을 축하하는 매스 게임

<그림 23-1> 부산 우남공원

제로 당시 대통령 생일에는 집집마다 태극기를 내걸어야 했단다. 언제부터 이런 형태로 대통령의 생일을 기념했을까? 기록을 보면 1949년 3월 26일에 중앙청 직원들이 오전 9시부터 광장에서 기념식을 열고 만세삼창을 했대. 총무처의 지시로 집집마다 태극기를 내걸었다네. 1948년 7월 24일에 초대 대통령 취임식이 있었으니까 이승만이 대통령이 된 다음 해부터 시작된 거야. 기념식에는 유엔, 주한 외국 대사,

주한 미군 장성들이 초대됐고 '대통령 찬가', '우리 대통령의 기쁜 날'이 라는 노래가 울려 퍼졌으며 군악대의 행진, 매스 게임, 기념 체육 대회 가 열렸고 밤에는 불꽃놀이도 펼쳐졌단다.

규모가 큰 행사였기에 이를 위한 조직도 생겼어. 대통령탄신 축하 위원회가 바로 그거야. 위원회 활동은 기념식 주최는 물론 전기(傳記) 출판, 동상 제작, 기념단 건립, 정자 건립, 대통령 초상 화폐 제작 등으 로 이어졌어. 〈표 19〉는 1950년대 이승만과 관련된 기념 조형물 목록 이야.

<표 19> 제1공화국 시기 대통령 이승만 관계 기념 조형물

종류	제작 연도	소재지
흉상	1954. 9. 18	서울 교통부 광장
기념탑	1954. 10. 28	경기도 파주군 용미리
진영	1955. 3	서울 경무대
송수탑	1955. 6. 15	경기도 남한산성
우남회관	1955 - 1961	서울 세종로 1가 18
동상	1956. 3. 15	서울 탑동공원
동상	1956. 8. 15	서울 남산
우남공원	1957.	부산 중구
우남학관	1958. 11. 16	배재학교
우남 송덕관	1959. 9. 15	서울 뚝섬
반신상	1959. 9. 15	서울 뚝섬 우남 송덕관
얼굴 좌측면상	1959. 9. 15	서울 뚝섬 우남 송덕관
우남 도서관	1958.	대전 중구 대흥동
우남 도서관	1959. 10. 23	서울 흑석동 중대
우남정	1959. 11. 18	서울 남산

참조 : 조은정(2005), 189쪽 / 부산 중구청 홈페이지

남한산성에 세워진 이승만 송수탑(장수를 기원하는 탑), 3·1 만세 운동의 기념 장소인 탑동공원과 남산 조선신궁을 헐고 그 자리에 세운 이승만 동상, 남산 순환도로를 개설하고 정자를 지은 다음 만든 우남정, 부산의 용두산 공원을 다시 열면서 이름을 바꾼 우남공원 따위로 우상화 작업이 다양하게 이루어졌어. 참고로 '우남'(雩南)은 이승만의 호(號)란다.

　　이러한 작업은 이승만이 대통령 직위에서 물러날 때까지 이어졌어. 1960년 3·15 부정 선거로 시위가 이어지자 생일을 앞두고 "나의 생일을 위하여 예년 국군의 분열식과 축하식 등을 해서 모든 동포들과 어린이들이 참가하여 큰 성황을 이루었는데 지금 우리의 형편은 많은 재정을 들여서 지낼 수는 없는 것이므로 이번에는 이러한 행사를 일체 폐지

하고 간소히 지내려고 하는 것이다"는 담화(1960년 3월 21일)를 발표해. 그러나 민심은 이미 등을 돌렸고, 4·19 혁명 후 이승만의 동상은 철거된단다.

<그림 23-2> 철거되는 이승만 동상

4장

제4대 대통령 선거

———

1960년,
부정선거의
종합선물세트

진보당 등록 취소와 조봉암 사형

1954년 자유당의 사사오입 개헌으로 야당 의원들은 범 야당 연합 전선을 꾸렸어. 이들은 새로운 정당이 필요하다고 의견을 모았는데 신익희와 조병옥으로 대표되던 민주국민당 계열(민주당 구파), 장면으로 대표된 자유당 탈당파와 흥사단 계열(민주당 신파), 조봉암으로 대표된 혁신 계열이었대. 그런데 조봉암의 참가를 반대한 측에서 먼저 민주당을 창당하지(1955년 9월). 그해 12월 조봉암과 서상일도 진보당 추진 위원회를 구성하고, 1956년 제3대 대통령 선거에 참가해. 이 선거에서 조봉암이 200만여 표를 얻었잖아. 이를 기반으로 1956년 11월 10일 진보당 창당 대회를 열었어. 아래 내용은 진보당 창당 대회 개회사 일부인데 읽어 보자.

정치적으로 표시하자면 먼저 민주적·평화적 방법으로 국토를 통일해서 완전한 자주 통일 평화의 국가를 건설하자는 것이고, 혁신적인 참된 민주주의를 실시하여 참으로 인민의, 인민에 의한, 인민을 위한 정치를 펼치자는 것이고, 또 계획적인 경제체제를 수립해서 민족 자본을 육성, 동원시키고 산업을 부흥시켜 국가의 번영을 촉구하자는 것이고, 또 조속히 사회보장 제도를 실시해서 모든 국민의 생활을 보장하고 향상시키려는 것이고 (…) 이것을 가리켜서 한국의 진보주의라고 해도 좋을 것입니다.(정태영, 『조봉암과 진보당』, 206쪽)

진보당은 1958년 제4대 국회의원 선거에 참가하려고 지구당 조직을 준비했는데, 1월 12일 6명의 간부들이 검거됐고 3일 뒤 3명이 추가로 구속됐어. 국무회의에서 내무부 장관과 이승만은 이 문제에 대해 의견을 나누었단다.

내무부장관 – 조봉암 이외 6명의 진보당 간부를 검거하여 조사 중인바, 그들은 대한민국의 주권을 무시하는 남북협상의 평화통일을 지향하고 이번 봄 선거에 상기 노선을 지지하는 자를 다수 당선시키기 위하여 오열(간첩)과 접선 준동하고 있는 것이며 조사 결과에 의하여 판정될 것이다.
이승만 – 조봉암은 벌써 조치되었어야 할 인물이며 이런 사건은 조사가 완료할 때까지 외부에 발표되지 말아야 할 것이다.

검거된 지 이틀 만에 국무회의에서 논의됐는데 위의 내용은 진보당과 조봉암의 미래를 점치고 있어. 2월 16일, 검찰은 조봉암에 대해 간첩죄, 국가보안법 위반 혐의로, 그 밖의 간부들은 국가보안법 위반 혐의로 기소했어. 조봉암의 죄목은 남파 간첩을 만났고 북한노동당에 밀

<그림 24> 진보당 사건으로 재판을 받고 있는 조봉암(앞줄 맨 왼쪽)

서를 보냈으며 진보당의 평화통일 강령이 대한민국의 존립을 부정한
것으로 발표됐어. 결국 2월 25일 진보당은 정당 등록이 취소당했단다.

  7월 2일 1심에서 조봉암은 5년 구형을 받았고 나머지 간부들은 무
죄가 선고됐어. 그런데 2심에서 사형 선고를 받은 조봉암은 3심에서도
사형 판결을 받았단다. 그리고 5개월 만에 사형이 집행됐어. 왜 이렇게
서둘러 조봉암을 사형시켰던 걸까? 그만큼 이승만에게 위협적인 인물
이었기 때문은 아닐까?

  조봉암은 일제 강점기에 공산주의자로 민족 해방 운동에 앞장섰어.
7년 동안 신의주나 서대문 형무소에서 복역했지. 해방 뒤 공산당과 결

별하고 중간파 정치 지도자로 활약했대. 그리고 제헌국회의원으로 당선됐고 초대 농림부 장관, 제2대 국회 부의장을 맡았고, 제2, 3대 대통령 입후보자로 나왔지. 사실 조봉암은 일제 강점기부터 사형장에서 사라질 때까지 굵직한 정치 현장에 늘 있었던 인물이야.

2007년 진실화해위원회는 "이 사건은 평화통일을 주장하는 조봉암이 1956년 대선에서 200만 표 이상을 얻어 이승만 정권에 위협적인 정치인으로 부상하자 조봉암을 제거하려는 정권의 의도가 작용해 처형에 이르게 한 것으로 인정되는 비인도적, 반인권적인 인권 유린이자 정치 탄압"이라고 인정했어. 유족들은 2011년, 대법원에 재심을 청구했고 대법원은 국가 변란과 간첩죄에 대한 무죄를 선고했어. 조봉암은 52년 만에 간첩 혐의를 벗게 된 거지.

1958년 제4대 국회의원 선거와 1960년 제4대 대통령 선거를 앞두고 일어난 진보당 등록 취소와 조봉암 사형은 자유당과 이승만 정권이 얼마나 다급했는지 짐작할 수 있는 사건이야.

국가보안법 개정과
경향신문 폐간

이승만 정권은 다가올 선거에 대비해 여러 방면으로 준비했어. 그런데 1958년 제4대 국회의원 선거는 1954년 제3대 국회의원 선거와 다르게 야당의 의석 수가 많이 늘었어.

1954년에 야당인 민주국민당은 15석에 불과했는데 1958년에 민주당은 79석을 얻었어. 자유당은 1960년 정·부통령 선거를 앞두고 초조해졌어. 특히 서울은 16개 선거구 가운데 14개 지역에서 민주당 후보가 당선됐고 대도시 지역에서 민주당 표가 많이 나왔거든.

이승만 정부는 야당이 지지를 받는 것은 신문이 정부와 자유당을 비판하는 기사를 쓰기 때문이라 판단했단다. 이에 대한 조치가 국가보안법 개정이었지.

1958년 8월, 자유당은 기존의 국가보안법은 모두 6개 조항에 불과해 다양한 형태로 전개되는 중대한 국헌 문란 행위를 처벌할 법 조항이 없다며 국가보안법 개정안을 국회에 제출했단다. 여론과 야당은 격렬하게 반대했지. 야당은 본회의장에서 무기한 농성 투쟁을 시작했어.

<표 20> 1958년 제4대 국회의원 선거 결과(의석 수)

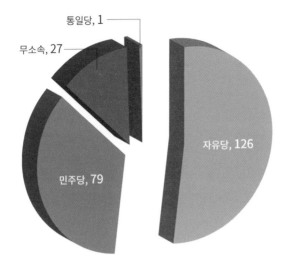

참조 : 중앙선거관리위원회, 『대한민국 선거사』 제1집, 650쪽.

12월 24일 자유당은 300명의 무술 경관을 동원해 농성 중인 야당 의원
들을 본회의장에서 끌어내 지하실에 감금했지. 그리고 나서 시·읍·면
장 임명제를 골자로 한 지방자치법 개정안과 함께 국가보안법 개정안
을 통과시켰단다.

　개정된 국가보안법은 사실을 조작, 왜곡하면 엄벌에 처한다는 언론
관련 조항 외에 '기밀'의 범위를 확대하고, 예비 음모도 중형에 처할 수
있도록 했어.

　예컨대 제11조는 어떤 행위가 '적을 이롭게 할 목적'인지 구체적으
로 제시하지 않고 애매한 표현을 써서 확대 적용할 수 있었어. 제17조
는 언론 자유의 탄압을 의도한 것으로, 진실 보도조차 허위나 왜곡이라

제11조 ① 적을 이롭게 할 목적으로 국가 기밀을 탐지 또는 수집하거나 이를 방조한 자는 사형 또는 무기 징역에 처한다. ② 적을 이롭게 할 목적으로 국가 기밀을 누설한 자도 전항의 형과 같다.

제17조 ① 제6조 내지 제8조에 규정된 결과, 집단 또는 단체의 지령을 받고 그 목적한 사항의 실행을 약속, 협의, 선동 또는 선전하거나 기타의 방법으로 관여한 자는 10년 이하의 징역을 처한다. ⑤ 허위의 사실을 허위인 줄 알면서 적시 또는 유포하거나 사실을 고의로 왜곡하여 적시 또는 유포함으로써 인심을 혹란케 하여 적을 이롭게 한 자는 5년 이하의 징역에 처한다.

제22조 ① (…) 문서, 녹음반, 도화 기타 표현을 반포하여 공연히 헌법상의 기관에 대한 명예를 훼손한 자는 10년 이하의 징역에 처한다.

고 우겨대면 꼼짝없이 걸려들 수밖에 없었거든. 제22조의 경우 '헌법상 기관'은 대통령, 국회의장, 대법원장을 말하는데 이들의 명예를 훼손하면 10년 이하의 징역에 처한다고 나와 있어. 국민이 정부나 대통령을 비판할 수 없다는 얘기이지. 따라서 당시 국가보안법 개정은 정치 비판의 모든 길을 막았던 거야.

실제로 1959년 4월 30일, 〈경향신문〉 폐간령이 내려지고 곧이어 발행 허가 취소 통지서가 송달됐단다. 공보실장은 미 군정 법령 제88호를 근거로 했다며 그 까닭을 아래와 같이 밝혔어.

신문은 사회의 공기로서 공공의 이익에 충실해야 하며 그 보도는 어디까지나 사실에 근거한 진실한 것임을 요하는 것이다. (…) 경향신문은 신문에 부하된 그와 같은 사명을 자각함이 없이 ① 1월 11일자 사설 「정부와 여당의 지리멸렬상」 내용에 허위 사실을 보도하였고, ② 2월 4일자 조간 「여적」란을 통하여 헌법에 규정한 선거 제도를 부정하는 동시에 폭동할 것을 선전하였으며, ③ 2월 16일자에 홍천 모 사단장 유류 부정 사건을 허위 보도하였고, ④ 4월 3일자 조간 3면에 '간첩 하 모 체포'라는 기사를 게재하여 간첩들의 도피를 용이하게 하였으며, ⑤ 4월 15일자 석간에 이 대통령 기자 회견 기사에 「보안법 개정 반대」라는 제목으로 허위 보도하였다. (〈동아일보〉, 1959년 5월 1일)

공보실은 〈경향신문〉 폐간의 이유를 허위 보도와 선거 제도의 부정이라고 밝혔어. 이 가운데 가장 논란이 된 기사는 「여적」이란 칼럼이었어. 〈경향신문〉은 이 칼럼을 통해 "한국의 현실을 논하자면, 선거가 올바로 되느냐 못 되느냐의 원시적인 요건부터 따져야 할 것이다"라고 문제를 제기했지. 선거 부정을 되풀이해서는 안 된다고 충고한 거야. 그런데 이승만 정부는 이를 트집 잡아 칼럼이 선거 제도를 부정했다고 해석했단다. 〈경향신문〉은 그때 20만 부를 판매하며 〈동아일보〉와 함께 가장 영향력 있는 언론이었어. 특히 가톨릭계의 대표적 야당지로서 자유당에는 눈엣가시 같은 존재였단다.

이 세상을 원망하랴 자유당을 원망하랴

민주당의 제4대 대통령 후보였던 조병옥은 선거가 있는 해에 병을 치료하려고 1960년 1월 29일 미국으로 떠났어. 그러자 며칠 뒤 이승만 정부는 정·부통령 선거 일을 3월 15일로 결정했단다. 이 소식을 들은 조병옥은 "3월 선거는 등 뒤에서 총 쏘는 격"이라고 했대. 민주당은 조기 선거의 부당성을 이렇게 논평했지.

자유당과 정부가 선거일을 3월 15일로 정하고 이를 공고하기로 확정하였다는바 8월 15일에 임기가 시작되는 정·부통령을 만 5개월이나 앞서 미리 선거해 두자 함은 헌법 정신에 위반되는 것이고 그야말로 정국 불안정을 초래할 수 있는 일이며 더구나 야당 대통령 후보가 진료차 외국에 향발한 직후의 허를 찔러서 조기 선거를 공고함은 비열하기 짝이 없는 일이다. (《동아일보》, 1960년 2월 2일)

2월 7일, 서울운동장과 장충단 공원에서 각각 열린 자유당의 '정·부

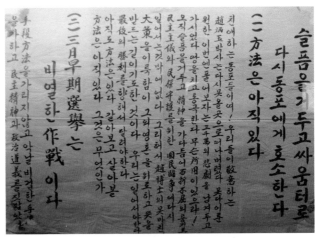

<그림 25> 조기 선거를 반대하는 성명서

통령 후보 출마 환영 강연회'와 민주당의 '부정 및 조기 선거 규탄 강연
회'는 수십만 시민이 모인 가운데 열렸어. 서울운동장 쪽의 자유당 강
연회장에는 대부분 동별로 동원된 노년층과 주부들이 버스와 트럭을
타고 왔으며 장충단 쪽의 민주당 강연회장에는 청장년들이 자기 발로
걸어왔대. 언론에서는 이를 "실려 온 민심 6만과 걸어온 민심 10만의
대결"이라 했어.

대통령 후보는 이승만, 조병옥이 부통령 후보는 이기붕, 장면, 김준
연, 임영신이 등록했어. 그런데 앞서 진행된 선거 때보다 입후보자 수
가 적지. 왜일까? 대통령 후보로 나설 예정이었던 장택상, 김달호, 전
진한, 서상일과 부통령 후보 박기출, 이훈구 등이 극심한 방해로 등록
을 못 한 거야. 장택상, 박기출은 중앙선관위에 등록 서류까지 제출했
는데 서류 미비를 이유로 거절당했어.

엎친 데 덮친 격으로 야당인 민주당 대통령 후보였던 조병옥이 2월 15일 미국에서 사망했단다. 선거 포기 소문이 떠돌자 민주당의 부통령 후보인 장면은 선거를 포기하지 않겠다고 밝혔어.

이번 선거에서 민주당은 "죽나 사나 결판내자", "4년 전에 맺힌 원한 이번에는 풀어 보자", "정말 못 살겠다 이번엔 갈아 보자!" 등을 구호로 내걸었단다. 이에 자유당은 "트집 말라 건설이다", "나라를 위한 팔십 평생 마음 모아 또 모시자", "이번엔 속지 말고 바로 뽑자"로 결정했대.

앞선 제3대 대통령 선거와 달리 제4대 대통령 선거에서 이승만은 불출마 선언을 하지 않았어. 대신 시카고 데일리 뉴스 기자의 "4선을 추구할 것인가?"라는 질문에 "나는 그렇게 될 것으로 생각한다. 정세가 그러기를 요구하고 있다"고 대답했대. 이어서 "북한 괴뢰의 전쟁 준비와 간첩 행위는 지금 최고조에 달하고 있다"며 "한국 통일을 위해서는 무력이 필요하다. 아니면 적어도 무력을 사용할 결의를 가질 필요가 있다고 하는 것은 오로지 한국의 근본 문제와 공산주의 그리고 오늘날의 국제 정세에 직면해 나가기 위해서일 뿐이다"며 출마 이유를 밝혔단다.

이렇게 이승만 대통령이 출마를 직접 말하기는 처음인 것 같네. 1959년 12월 12일 기자들과 만나는 자리에서 동일 정당의 대통령과 부통령을 선출하기 위한 헌법 개정의 필요를 말했어. 이듬해 2월 13일에는 공보실을 통해 "이번 3·15 선거에서 각각 의견이 다른 사람이 정·부통령으로 피선된다면 나는 따르지 않겠다"고 선언했단다. 그러면서 UPI 특파원과의 기자 회견에서 "상당한 표수 차로" 자유당의 승리를 예언했지.

<그림 26> <그림 26-1>자유당 선거 광고와 포스터

여느 때와 달리 이번 선거에서는 이승만은 출마의 뜻을 밝히고 정·
부통령은 자유당에서 나올 것이며 상당한 표 차이로 승리하리라고 예
언했어. 그리고 그 예언은 실현되었지. 전대미문의 부정 선거를 통해
서 말이야.

이승만은 입후보자로서 선거 공약을 내걸지 않고 공식적인 선거
운동도 하지 않았단다. 부통령 후보자인 이기붕도 비슷한 행보를 보
였어. 이승만은 진해 별장에 휴양하러 갔다가 특별 열차로 올라오
는 길에 기차를 세우고 역에서 연설하는 일이 있을 뿐이었지. 내용은
"이번 선거에서 부통령에는 이기붕 씨가 당선되도록 해야 한다"는 것
이었대.

선거에서 후보자들이 움직이지 않으니 자유당 선거 위원회에서 그 일
을 대신했어. 다음은 "민주당의 허위 선전의 진상을 밝힌다"는 자유당의
선전문이란다.

1　정·부통령은 동일 정당에서 선출되어야 한다.

2　민주당이 추모 투표 운운하는 것은 민족을 모욕하는 망국적 행위이다.

3　민주당은 민족의 공당인 정당이 아니고 사색당파와 같은 붕당이다.

4　민주당은 군정 연장으로 조국의 독립을 방해했으며

5　제헌 의원 선거 시에도 부정 선거를 감행한 바 있다.

6　제1차 개헌 대통령 직선제 개헌 및 제2차 개헌 소위 사사오입 개헌은 국
　　가를 위기에서 구출하는 데 도움이 됐으며

7　2·4 파동은 공산 간첩의 파괴 공작을 분쇄하기 위한 보안법 개정을 민
　　주당이 반대했기 때문에 일어난 것이다.

8　지방자치법을 개정하여 지방 행정을 강화하였다.

(〈동아일보〉, 1960년 2월 25일)

　　자유당은 공약 대신 민주당을 비난하고 선거 운동을 방해하는 데에
열중했단다. 2월 28일 대구에서 민주당 부통령 입후보자 정견 발표회
가 열렸어. 그런데 보통 일요일에 쉬는 이발소, 미장원, 다방이 계속 영
업을 했어. 이유가 뭔고 하니 자유당 강연회가 있었던 27일 관청의 요
구로 미리 쉰 거야. 자기 당 강연 때는 쉬는 날로 삼아 참석하게끔 하고
다른 당이 강연하는 날엔 못 쉬게 꼼수를 쓴 거야. 심지어 각 중·고등
학교에서는 휴일에도 학생들을 등교시켜 강연회에 나가는 것을 방해
했어. 그런 방해 공작에도 대구 수성천 변에는 20만 명의 청중이 모였
다니 뜨거웠던 선거 열기를 알 수 있겠지?.
　　당시 대구에는 「유정천리」라는 유행가 곡조에 맞춘 노래가 유행했

대. 고등학생이 지은 것이라는 소문이 돌자 일부 학교에서는 학생들 몸수색까지 했다네. 노래 가사가 다음과 같아.

1 가련다. 떠나련다. 해공 선생 뒤를 따라. 장면 박사 홀로 두고 조 박사는 떠나갔네. 가도 가도 끝이 없는 '당선' 길은 몇 구비냐. '자유당'엔 꽃이 피네. '민주당'엔 비가 오네.

2 이 세상을 원망하랴 '자유당'을 원망하랴. 춘삼월 15일에 조기 선거 웬 말인가. 천리만리 타국땅서 박사 죽엄 웬말인가. 설움 어린 신문들과 백성들이 울고 있네.

(〈동아일보〉, 1960년 3월 9일)

자유당 선거 자금으로 제작된 「독립협회와 청년 이승만」이란 영화가 1959년 12월부터 상영됐어. 자유당 유세 반의 선거 강연이 끝나면 무료로 관람시켰대. 목포에서도 유세가 끝나고 학생들과 어린이들이 관람했는데 도중에 스크린이 넘어지고 여기저기서 돌이 날아와 영화 상영이 중지되기도 했대.

<그림 27>
「독립협회와 청년 이승만」 영화 포스터

내무부 장관의 비밀 지령

하나, 공무원은 선거 운동 해도 좋다

최인규는 1959년 3월에 내무부 장관으로 취임한 뒤 기자들과의 첫 만남 자리에서 공무원과 그 가족들은 선거 운동을 해도 좋다고 말했어. 장관의 이런 말이 전해지자 선거를 앞두고 공무원은 자유당에 입당해야 했대. 정부는 공무원과 그 가족들을 선거에 동원하려고 도시는 동 단위로, 지방은 시·읍·면 단위로 공무원 친목회, 공무원 가족 친목회가 경찰의 책임 아래 조직됐어. 그렇게 해서 공무원 10만 명과 그들의 가족이 자유당 선거 운동에 동원됐대. 반상회나 통·반별 모임에 나가 이승만과 이기붕의 업적을 소개하고 정부의 실적을 계몽하는 일도 했다지.

시·읍·면장은 자유당의 입맛에 맞는 사람들로 채웠단다. 또한 앞서 1956년 제3대 대통령 선거 때 조봉암 표가 많이 나왔던 지역의 경찰 서장들은 감원했어. 내무부 장관은 이승만과 이기붕을 당선시키기 위해 경찰과 지방 행정 관료들의 대규모 자리 이동을 단행했지. 경찰은 집집마다 방문해 어떤 사람이 선출돼야 하는지 선전했단다.

둘, 3인조, 9인조 세포 조직

자유당은 3인조, 9인조로 묶어 선거 조직을 관리했어. 유권자 3인을 묶어 반장을 두고, 3개 반을 묶어 9인조 조장을 두며, 5개 조를 묶어 통장 아래 두었지. '유권자 성분 조사 보고서'를 작성해서 정·부통령 후보자들에 대한 지지 여부를 기록했다는구나. 조사는 경찰이 담당했어. 조 편성이 끝나면 자유당 입후보자들의 기호를 외우게 하고 공개 투표의 절차와 방법을 훈련했어. 그런 다음에 투표소까지 함께 이동했단다. 지금으로서는 상상도 할 수 없는 일이 벌어진 거야.

3인조가 기표소 안에 들어가면 가운데 위치에 서는 조장이 투표용지를 다 모아서 자유당 입후보자에게 기표한 후 다시 조원들에게 나누어 주면 조원

<그림 28> 3인조 선거

들이 기표소에서 나와서 기표 결과를 감시하는 자유당 선거위원에게 보이고 정식으로 접어서 투표함에 집어넣는 것 (…) 이러한 방법이 전국 각지에서 유권자들에게 훈련되고 있다고 지적하였다. (〈동아일보〉, 1960년 3월 9일)

자유당 선거 위원장은 3인조 조원이 500만 명 정도라고 밝혔는데 이는 전체 유권자의 45%에 해당했단다.

셋. 내무부 장관이 지시한 부정 선거 비밀 지령

내무부 장관은 경찰, 관청, 선거 위원회에 비밀 지령문을 내려보냈어. 이 문건은 자유당과 국무위원들이 함께 작성한 거야. 어떻게 부정 선거를 하려 했는지 읽어 보자.

---

① 총 유권자의 4할을 사전 투표하고 나머지를 공개 투표하되 경찰에서 조직해 둔 9인조를 매수 또는 위협하여 자유당 후보에게 찍도록 할 것
② 이 안이 좌절되면 미리 조작해 둔 표로 환표하여 충당할 것
③ 이 방법을 감행하는데 야당 의원이나 참관인의 방지를 막기 위하여는 유혈극까지도 불사할 것 (…)
⑤ 경찰은 전 경찰력을 선거에 투입하고 비협조 공무원을 숙청하며 전직 경찰관을 통·반·리장에 임명하여 선거반을 편성할 것 (…)
⑧ 투표소는 입구를 한 개로 하고 완장 부대 300명과 행동대 20명이 투표소를 확보하고 경찰관이 외인 출입을 억제할 것
⑨ 4할 사전 투표에 실패할 때는 5매씩 넣되 참관인이 보아도 배짱을 부릴 것
⑩ 야당 선거위원과 참관인에 술을 권하되 술과 물에 수면제를 넣어서 자게 할 것
⑪ 야당 참관인이 깡통에 소변을 보거나 또는 투표소 내에서 식사를 하면 여당 참관인으로 하여금 따귀를 때리게 하여 쌍방을 모두 쫓아낼 것
⑫ 야당 선거위원은 투표소에 사전 입장을 못하게 할 것

참조 : 〈경향신문〉, 1960년 5월 1일

수법도 가지가지였어. '4할 사전 투표'란 유권자의 40%를 사전 투표시킨다는 말이야. 미리 자유당 후보에게 찍어 놓고 이걸 투표함에 넣는 수법이야. 부족한 수는 가짜로 기재된 유령 유권자와 금품으로 매수한 기권 예상자들로 충당했대.

'환표' 수법도 동원했어. '환표'란 표 바꿔치기를 뜻해. 대표적인 사건이 1956년 8월 13일 전남 함평군 도의원 선거에서 일어난 일이야. 이송 도중 경찰관이 투표함을 바꿔치기하다가 야당 감시원과 농민들에게 들킨 거야.

투표가 시작되기 전, 투표용지를 미리 투표함에 집어넣거나(올빼미 표), 낮에 개표를 방해하고 밤에 개표를 하되, 일부러 정전 사태를 만들어 이때 부정을 저지르는 것(올빼미 개표)도 있었단다. 상대 후보에 기표된 투표용지의 다른 칸에 인주를 묻혀 무효표를 만드는 것(피아노 표)도 있었지. 1958년 제4대 국회의원 선거에서 대구 병구에 출마한 민주당 후보는 자유당 후보에게 678표로 뒤져 낙선했으나 무효표 조작이 있었다고 주장하며 당선 무효 소송을 제기했어. 재검표한 결과 1400표를 살려 당선자가 되었지. 또한 참관인이 눈치 못 채게 개표원이 야당 표 묶음 겉장에 여당 표를 꽂아 집계 반에 넘겨 전체가 여당 표로 집계되도록 하는 수법(샌드위치 표) 따위로 부정 선거를 했단다.

부정 선거는
학생의 피를 보게 한다

민주당이 발표한 '부정 선거 감행 방법' 사례 가운데 각 지방 도지사가 모든 학교에 지시한 「각 중·고등학교장, 학생 지도 철저에 관한 건」이라는 문서가 있어. 내용은 아래와 같았어.

> 국가 운명을 좌우하는 명년에 (…) 일부 몰지각한 교직원 중에는 공무원의 본분을 망각하고 정부를 비난하는 등 극히 우매하고 위험한 처사를 감행하는 자 산견됨은 통탄을 불금하는 바이니(눈에 띄므로) (…) 일반 민중에 대한 선거 계몽은 물론 훈육, 공민, 역사 수업 시간에 있어 좌기 각항에 의한 선거 계몽을 적극 대담하게 실시하여 (…) 학생 청소년 선도에 만전을 기하길. (〈동아일보〉, 1960년 3월 4일)

1959년 12월 26일, 각 지방의 도지사는 시·군 교육감에게 극비라고 적힌 이 문건을 내려보낸단다. 초등학교 교장들에게 문건의 내용을 말로 전달하고 공문을 받는 곧바로 태우라고 지시하지. 교사로 하여금

도덕, 역사 수업 때 선거 계몽을 하고 학생들이 사회 풍조에 물들지 않도록 노력하라는 공문이야.

그전에 제3대 대통령 선거 때도 문교부 장관이 나서서 중·고등 학생들에게 선거 운동을 했잖아? 그 버릇을 못 고치고 이번에도 학생들을 감시하고 방해했어. 대표적인 사건이 1960년 2월 28일 대구에서 일어났어. 그날 민주당 부통령 후보인 장면의 선거 연설이 대구 수성천변에 있었는데 학생들의 참석을 막기 위해 일요일에 등교를 지시한 거야. 이에 격분한 경북고등학교, 대구고등학교, 경북여자고등학교 학생 1200여 명이 도청으로 몰려들어 "신성한 학원을 정치 도구화하지 말라"며 시위를 벌였어. 경찰과의 충돌로 20여 명이 다치고 200여 명이 연행됐대. 그러나 이건 시작일 뿐이었어. 전국의 고등학생들이 부정 선거에 반대해 운동을 벌였단다. 4월 혁명은 이미 이때부터 일어났던 거야. 다음은 신문에 소개된 기사들이야.

시간이 없는 관계로 어머님 뵙지 못하고 떠납니다. 끝까지 부정 선거 데모로 싸우겠습니다. 지금 저의 모든 친구들 그리고 대한민국 모든 학생들은 우리나라 민주주의를 위하여 피를 흘립니다. 어머님 데모에 나간 저를 책하지 마옵소서.

우리들이 아니면 누구가 데모하겠습니까? 저는 아직 철없는 줄 압니다. 그러나 국가와 민족을 위하는 길이 어떻다는 것을 알고 있습니다. 저의 모든 학우들은 죽음을 각오하고 나간 것입니다. 저는 생명을 바쳐 싸우려고 합니다. 데모하다 죽어도 원이 없습니다. 어머님 저를 사랑하는 마음으로 무

<표 21> 고등학생들의 부정 선거 규탄 시위

요일	내용
2월 28일	- 경북고등학교, 대구고등학교, 경북여자고등학교 학생 1200여 명 시위.
3월 1일	- 공명선거추진 전국 학생위원회 소속 40여 명의 대학생들, "3·1 정신 받들어 대구 학생 성원하자"는 구호가 적힌 삐라 뿌림.
3월 5일	- 민주당 부통령 후보의 정견 발표회에 참석했던 학생 1000여 명이 "부정 선거를 배격하자", "장 박사를 다시 부통령으로 뽑자", "썩은 정치 갈아 보자"는 구호를 외치고 애국가를 부르며 약 15분간 행진함.
3월 7일	- 동아고등학교 학생 대표 16명, 데모를 모의하는 도중 동부산서에 연행됨. 호소문에는 "학원에 자유를 달라", "부정 선거는 학생의 피를 보게 한다", "공명선거 사수하여 민주주의 수호하자" 따위의 주장이 있음.
3월 8일	- 민주당 부통령 후보 선거 강연회가 대전 공설운동장에서 열리고 있는 오후 4시경 대전고등학교 1000여 명이 공설운동장으로 떼 지어 가면서 "학원을 정치 도구화하지 말라", "서울신문 강제 구독을 반대한다"는 구호를 외치며 데모함.
3월 10일	- 수원농업고등학교 학생 약 300명이 학원에 대한 정치적인 간섭을 배격한다는 구호를 외치면서 민주당 강연 장소로 데모 행진을 하다가 강제로 해산됨.
3월 13일	- 낮 12시에 시공관, 미도파 백화점, 미국 대사관 앞에서 남녀 고등학생들이 데모를 함. - 경북 문경고등학교 학생 33명의 발기로 삐라 1000매와 플래카드 10매를 만들어 데모를 하려고 하다가 발각됨. 플래카드에는 "선량한 동민들이여 협잡선거에 속지 말라", "공정 선거 이룩하여 민주 국가 이룩하자"라는 구호가 적혀 있음.
3월 14일	- 중동·균명·강문·대동상업고등학교를 포함한 10여 개 야간 고등학생들이 광화문 네거리에서 데모를 함. 학생들은 "대한민국은 민주 공화국이다"라는 구호를 외치면서 데모의 동기를 "대한민국의 헌법을 지키기 위해서였다"고 말함. - 동래고·부산상고·황도고·북부산고·데레사여고 학생 약 600명이 범일동 부산 철도국 앞에서 20분 동안 데모. 학생들은 "우리 선배는 썩었다", "우리가 민주제단 지키자", "학도여 일어나라 우리의 피를 보이자", "학도는 살아 있다. 민주 국가 세우자", "학원에 강제 선거 운동을 하지 말라"라는 구호를 외치고 삐라를 뿌림. 데모에 참가했던 학생 16명(여학생 5명)이 부산진경찰서에 연행됨. - 시내 동공동 현대극장 뒷골목에서도 해동고 학생 약 20명이 연필과 펜으로 쓴 "학도여 일어나라", "민주주의 수호하자"라는 삐라를 뿌림.
3월 15일	- 오후 4시경 마산 시내에서 민주당 소속 도의원, 시당 위원장을 비롯한 10여 명이 부정 선거 배격이라는 구호를 외치면서 약 60명이 데모를 함.

참조: <동아일보> 1960년 2월 29일, 3월 6일, 3월 9일, 3월 11일, 3월 13일, 3월 15일, 3월 16일

척 비통하게 생각하시겠지요. 온 겨레의 앞날과 민족의 해방을 위하여 기뻐해 주세요. 이미 저의 마음은 거리로 나가 있습니다. 너무도 조급해서 손이 잘 놀려지지 않는군요. 부디 몸 건강히 계세요. 거듭 말씀드리지만 저의 목숨은 이미 바치려고 결심하고 하였습니다. (〈경향신문〉, 1960년 4월 30일)

4·19 혁명에 참가했던 한성여중 2학년 14살인 진영숙이 시위에 나서기 전 어머니에게 남긴 글이야. 진영숙은 4월 19일 저녁, 돈암동 종점에서 경찰이 쏜 총에 맞아 쓰러졌단다. 이 글은 홀어머니에게 보내는 마지막 편지가 되었지.

선거 결과는 이승만 963만 3376표(88.7%), 이기붕 833만 7059표(79%)로 발표됐어. 3월 15일 선거일 이전에도 학생 시위가 끊이지 않

<그림 29> 4·19 혁명 당시 시위 모습

<그림29-1> 김주열의 죽음에 항의하는 마산 학생들

앉고 선거 당일에도 부정 선거 반대 시위가 있었지. 3월 15일, 부정 선거 규탄과 항의는 마산에서 먼저 시작됐어. 민주당 마산시당 간부들은 '4할 사전 투표'가 사실임을 확인한 뒤 오전 10시 30분에 선거 포기 선언을 했지. 이날 오후부터 밤늦게까지 수천의 학생과 시민들은 "부정 선거를 즉시 정지하라"고 외치며 시위를 벌였단다. 경찰은 총을 쏘며 이들을 진압했어. 모두 8명이 사망하고 80여 명이 부상당했단다. 부정 선거 규탄 시위는 서울, 부산과 지방 소도시로 계속 퍼져 나갔지.

　민주당이 선거 무효 소송을 제기한 4월 11일, 마산 앞바다에 떠오른 고등학생 김주열의 시신은 다시 한 번 봉기에 불을 붙였어. 부정 선거에 항의하는 시위에서 숨진 김주열의 오른쪽 눈에는 최루탄이 박혀 있었거든. 분노한 마산 시민, 학생들 수만 명이 들고 일어나 시위는 4월 13일까지 계속됐어. 대통령이자 자유당 총재인 이승만은 마산 시위가 공산당 선전에 속아 일어났다는 담화를 발표했으나 이러한 수법과 위협은 더 이상 효과가 없었단다.

4월 18일, 3000여 명의 고려대학교 학생들이 시위를 했고, 4월 19일에 혁명은 절정에 다다랐단다. 오전부터 학생들은 도심으로 모여들었어. 이들이 서울시청 앞 광장을 지날 무렵 나와 있던 시민들이 만세 소리와 함께 경찰 저지선을 뚫고 시위대에 합류했대. 시위 민중들은 "3·15 선거 다시 하자", "이승만 정부 물러가라"를 외치며 경무대로 돌진했으며, 자유당 본부, 대한반공청년단 본부, 경찰관서를 부수거나 불태웠단다.

경찰은 시위 민중들에게 총을 쏘았어. 공식 통계만으로도 모두 186명의 학생과 시민이 목숨을 잃고, 6200명이 중경상을 입었어. 광주, 대전, 대구, 부산, 전주, 청주, 인천 등지에서 시위는 계속됐어.

4월 25일에는 서울에서 300여 명의 대학교수들이 "학생의 피에 보답하라"라는 플래카드를 들고 시위를 했고 시위에 합류한 시민, 학생들은 계엄하에서 밤늦도록 시위를 벌였어. 다음날 4월 26일 이른 아침부터 세종로에는 수만의 시민, 학생들이 모여들었단다. 이 시각 이승만은 계엄사령관 송요찬에게 하야 의사를 밝혔어. 오전 10시 30분, 이승만의 하야 성명이 라디오를 타고 울려 퍼졌어. 이승만은 5월 29일에 미국의 주선으로 하와이로 망명했단다.

제2공화국과 지방자치제의 부활

이승만의 대통령직 사퇴 뒤 허정은 대통령 권한 대행으로 취임해 과도 정부를 구성했어. 허정은 수석 국무장관 직을 맡고 있었기 때문에 새로운 정권이 들어설 때까지 과도정권을 책임졌어.

국회는 3·15 정·부통령 선거의 무효와 재선거 실시, 양원제 의회와 내각 책임제를 내용으로 하는 개헌안을 통과시켰어. 새로운 헌법은 1960년 6월 15일에 국회의 가결을 거쳐 공포됐는데 주요 내용은 아래와 같아.

대통령은 원수로서 의례적 형식적인 존재이다.

대통령은 국민에 의한 직접 선거가 아니라, 국회의원에 의한 간접 선거로 선출한다.

국무위원(각료)은 총리가 임명하고 대통령에게는 거부권이 없다.(내각 책임제)

민의원과 참의원의 이원제 도입과 의회의 입법 권한을 강화한다.

지방자치 단체장은 선거제로 뽑는다.

내각 책임제 개헌과 함께 국회는 자동적으로 해산되고 새 헌법에 의해 7월 29일에 민의원과 참의원을 선출하는 총선거가 실시됐지. 총선 결과는 〈표 22〉와 같아. 참의원 선거 결과는 민주당 3명, 자유당 4명, 무소속 20명, 사회대중당 1명, 기타 1명이었어.

민주당은 175석을 차지할 정도로 압도적인 승리를 했어. 국회의원을 뽑는 방식으로 다시 치러진 제4대 대통령 선거는 1960년 8월 12일 간접 선거로 실시됐어. 〈표 23〉에 따르면 윤보선이 208표(82%)로 당선됐단다. 내각 수반인 국무총리는 장면이 맡았어.

<표 22> 1960년 7월 29일 민의원 선거 결과(의석 수)

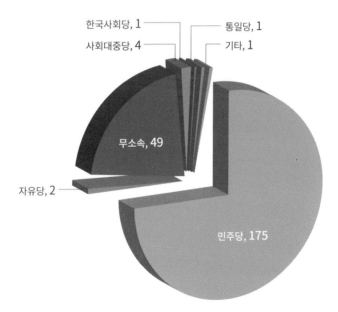

참조 : 중앙선거관리위원회, 『대한민국 선거사』 제1집, 665

<표 23> 제4대 대통령 선거

후보자	윤보선	허정	나용균	김창숙	이철승	변영태	김병로	유옥우	백낙준	박순천	김시현	김도현
표 수	208	2	1	29	1	3	1	1	3	1	1	2
비율(%)	82.2	0.8	0.4	11.5	0.4	1.2	0.4	0.4	1.2	0.4	0.4	0.8

참조 : 중앙선거관리위원회, 『대한민국 선거사』 제1집, 748쪽

　　장면 내각은 독재 정권의 유산 청산, 민주주의 실현, 경제 재건과 경제 개발, 남북 관계의 개선 따위를 과제로 내세웠어. 또한 장면 내각은 경제 제일주의를 내걸고 1962년 봄부터 댐 건설을 비롯한 국토 개발 사업의 추진을 알리며 장기적인 경제 개발 계획을 위한 재원 확보에 나섰어.

　　정부의 각종 규제가 풀리고 언론이 활성화되어 전쟁 이래 침체됐던 노동 운동, 교원 노조 운동, 청년 학생 운동이 활발히 전개되고, 혁신 세력은 정치 활동을 전개했단다. 그동안 억눌렸던 통일 논의도 활발히 일어났어. 학생들은 민족 통일 연맹을 결성하고 남북 간의 학술 토론회나 체육 대회, 서신 왕래, 인사 교류 및 기술 협정 따위를 주장했어. 혁신 정치인들도 민족 자주통일 협의회를 만들어 학생들과 연계하면서 통일 운동을 추진했어.

　　이승만 정부 아래에서 쌓여 있던 국민의 불만이 각종 시위로 폭발했단다. 그런데 민주당은 민중들이 요구하는 부정 선거 원흉 처단, 발포 책임자 처벌, 부정 축재자 처리에 소홀히 했어. 게다가 창당 초기부터 갈등을 겪었던 구파와 신파가 심하게 대립했단다. 이에 따라 장면 내

각의 힘은 매우 약해졌고 개혁 또한 제대로 수행하지 못했단다.

민주당 정권은 직선제를 골자로 하는 지방자치제법 개정 작업에 들어갔어. 1960년 11월에 개정된 지방자치제법의 특징은 다음과 같아.

- 서울특별시장·도지사·시·읍·면장 그리고 동·리장까지 모든 지방 단체장을 주민이 직접 선출하고 임기는 4년으로 한다.
- 서울특별시장 선거는 기명 투표제로 한다.
- 각 급 지방의회 의원 정수는 종래의 인구 비례로부터 민의원 선거구 기준으로 한다.
- 선거 연령은 21세에서 20세로 하며 자치 단체장의 피선거권은 25세로 한다.

이때부터 선거 연령이 21세에서 20세로 낮아졌어. 현재 한국의 선거 연령은 19세야. 그런데 선거 연령이 19세인 나라는 대한민국이 유일하대. 다른 나라들은 19세 미만이야.

개정된 법에 따라 1960년 12월 12일에 서울특별시의회와 도의회 선거가, 12월 19일에 시·읍·면장 선거가, 29일에 서울특별시장과 도지사 선거가 실시됐어. 이 선거로 최초로 민선 시장과 민선 도지사 등 자치 단체장이 선출됐어.

선거 결과는 민의원 선거 때와 매우 달랐어. 집권당인 민주당보다 무소속이 많이 당선됐어. 시·읍·면의회의 경우, 민주당 후보의 당선율은 16.5% 무소속은 81.2%였고, 시·읍·면장의 경우에도 무소속은

<표 24> 1960년 지방 선거 정당별 당선 상황(명)

구분	의원 정수	후보자 수	정당 단체별				
			민주당	신민당	사회 대중당	기타	무소속
서울특별시, 도의회 의원선거	487	2,054	195	70	2	4	216
시의회 의원선거	420	1,269	129	45	0	8	238
읍의회 의원선거	1,055	2,335	142	39	0	2	872
면의회 의원선거	15,434	29,598	2,510	241	3	44	12,578
시장선거	26	110	12	5	0	0	9
읍장선거	82	407	23	3	0	0	56
면장선거	1,360	6,638	297	13	1	4	1,045
서울시장, 도지사선거	10	85	6	3	0	0	1

참조 : 한국선거학회 편, 『한국 선거 60년』, 86쪽

71.5%인데 비해 민주당은 22.6%였어. 서울특별시의회와 도의회에서
도 민주당 당선자는 40%를, 무소속은 44.4%를 차지했지.

그러나 지방자치는 5개월 만에 막을 내렸어. 1961년 5월 16일 정권
을 찬탈한 쿠데타 세력은 포고령 제4호를 반포해 전국의 지방의회를
해산시켰어. 6월 6일에 공포된 국가 재건 비상 조치법 제20조에서는
서울특별시장, 도지사와 인구 15만 이상의 시의 장은 국가재건 최고회
의의 승인을 얻어 내각이 임명하고 기타 지방자치 단체장은 도지사가
임명하도록 했어. 1962년 4월 21일 법률 제707로서 공포된 지방자치
에 관한 임시 조치법은 도와 서울특별시에서는 도지사나 시장의 승인

을 얻어 시행하도록 하고 읍·면장은 군수가, 동·리장은 시·읍·면장 또는 구청장이 임명하도록 했어.

이 임시 조치법은 사실상 지방자치의 부정을 법적으로 보장한 것이나 다름없었지.

박정희 정권은 "헌법에 의한 지방의회는 조국 통일이 이루어질 때까지 구성하지 아니한다"(유신헌법 부치 제10조)로, 전두환 정권은 "이 헌법에 의한 지방의회는 지방자치 단체의 재정 자립도를 감안하여 순차적으로 구성하되 그 구성 시기는 법률로 정한다"(제5공화국 헌법 부칙 제10조)로 해 지방자치제의 실시를 거부했단다.

집권 세력이 자신들의 권력을 연장하기 위해 지방자치제의 형식까지 폐기했어. 따라서 오늘날 지방자치제의 시행은 독재 권력에 끊임없이 투쟁해 얻은 민주화의 결실이라 할 수 있어.

선거 연령 이대로 좋은가?

주민등록 발급 연령은 17세, 운전면허는 18세, 공무원 임용은 18세, 혼인 적령은 18세란다. 대부분 권리가 18세에 주어지는데, 뚜렷한 근거 없이 18세에 선거권만 허용되지 않는 것은 무엇 때문일까?

기득권 세력은 젊은이들을 두려워해. 앞에서 언급한 미 군정기 과도 입법의원에서 선거 연령을 25세로 하자던 우익 민선 의원들의 주장을 생각해 봐.

1960년 지방자치제법 개정 때 선거 연령은 20세로, 이후 2005년에 19세로 낮췄어. 19세의 기준은 2005년 여당이었던 열린우리당의 '18세 개정안'과 한나라당의 '20세 유지안'이 타협한 결과였어.

그런데 세계적으로 선거 연령을 보면 16세는 5개국, 17세는 4개국, 18세는 144개국으로 19세는 한국이 유일하대. 정치적 권리를 획득하는 선거 연령은 가장 후진국인 셈이네.

* 2019년 12월 공직선거법이 개정되어 마침내 한국도 18세부터 선거권을 가지게 되었어.

자유당의 선거 자금

자유당은 1958년 5·2 총선의 선거 자금을 마련하려고 그해 4월 20일 부터 산업은행에서 기간 산업 육성 자금 명목으로 특혜 자금 40억 환을 12개 회사에 부정 대출을 했어. 이 특혜 자금의 재원은 산업은행에 서 나중에 금융 채권을 발행해 마련키로 하고 먼저 산업은행 지불 보증으로 시중 은행이 대출하는 형식을 취했으므로 '연계 자금'이라는 이름을 붙였단다.

태창방직을 비롯한 12개 회사들로 하여금 연계 자금의 특혜 융자를 대가로 융자액의 전부 또는 일부를 정치자금으로 헌납케 했어. 액수도 어마어마해서 헌납금은 대출액의 4분의 1인 10억 환을 훨씬 넘어섰대.

제4대 대통령 선거인 3·15선거 때에도 자유당 정권은 부정 선거 자금을 마련하기 위해 산업은행 연계 자금을 이용했지. 1000만 환 이상의 선거 자금을 바친 기업인들이 200여 명에 이르렀고, 총액은 70억 환에 달했대. 또 도로 사업비 등 정부 사업 예산에서 80억 환을 전용해 선거 자금으로 사용했다는구나. 산업은행은 부흥 국채 인수를 핑계로 13

<표 25> 제4대 국회의원 선거 자금 염출 기업(환)

회사명	대출받은 자금액	자유당에 상납 금액
태창방직	1억	1억
대한중공업	4억 6800만	1억
중앙산업	6억 7000만	5000만
금성방직	2억	1억
수도영화사	2억	1억
동립물산	7억	1억 2000만
동양시멘트	1억 5400만	5000만
조선방직	1억 5000만	1억 5000만

참조 : <경향신문>, 1963년 9월 16일

개 업체에 42억 환을 대출해 주고, 대출액의 30% 이상을 선거 자금으로 뜯어내 총 17억 환을 조달했대. 지금도 문제가 되고 있는 '정경 유착'의 뿌리가 참으로 깊지?

5장

제5대 대통령 선거

1963년,
자유 민주주의란
무엇인가?

쿠데타로 등장한 군사 정권

1961년 5월 16일, 박정희 소장과 일부 장교들이 한강대교를 건너 서울 시내에 들어와 육군본부와 방송국을 제압했어. 곧장 전국에 비상계엄을 선포했단다. 쿠데타를 일으킨 군인들은 군사혁명위원회를 조직해 정권을 장악하고 혁명 공약을 발표했어. 이들은 장도영을 의장으로 하는 국가재건 최고회의와 중앙정보부를 설치해 군정을 실시했어. "반공, 미국 등 자유 국가와의 연대 강화, 부패 일소, 국가 경제의 자율과 생활 곤란의 타개, 상기의 임무 달성 뒤에는 본래의 임무(군무)로 복귀"라는 혁명 공약도 발표했단다.

5월 22일 미 국무부는 신정권이 '반공 친미'를 기본으로 하는 정권이라며 환영하는 성명을 냈어. 미국의 추인을 받은 군사 정권은 22일 모든 정당과 노동조합의 해산을 명령했고, 28일에는 신문과 통신을 폐쇄하고 폭력단의 단속과 부정 축재자를 체포했으며, 29일 헌법까지 정지시켰단다.

7월 3일 박정희는 장도영을 최고회의 의장과 총리에서 물러나게 하

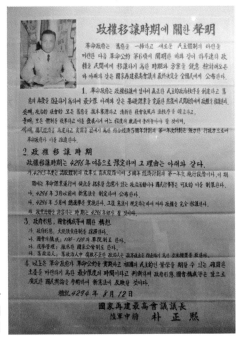

<그림 30>
박정희의 정권 이양 시기에
대한 성명서

고 자신이 후임 의장으로 취임했어. 8월 12일, 박정희 국가재건회의 최고의장은 1963년 여름에 정권을 민간에 넘기겠다고 발표했지. 1962년 11월 5일 헌법 개정안이 공고됐고, 12월 5일 계엄이 해제됐어. 헌법은 12월 17일 국민투표로 부통령이 없는 대통령 중심제로 개정됐어. 12월 17일 실시된 개헌안 국민투표 결과는 투표인 총수의 85.3%가 참여해 79.0%의 찬성을 얻었어. 헌법 개정안에 따르면 대통령은 국군 통수권, 조약 체결 및 비준권 등 일반적인 권한 말고 긴급 명령권과 계엄 선포권까지 행사하는 강력한 권한을 가졌어. 새로운 헌법의 주요 특징 가운데 하나는 정당 조항을 추가한 거야. 대통령과 국회의원에 입후보하려면 소속 정당의 추천이 필요했단다. 그리고 국회의원이 당적을 이탈하거나 변경할 때 또는 정당이 해산될 때에는 국회의원 자격을 상실하도록 했어. 이러한 조항들은 무소속의 존립을 부정하고 정치적 자유를 제약하는 결과를 가져오기도 했어.

1963년 박정희는 군의 정치적 중립을 강조하는 2·18 성명을 발표했어. 주요한 내용은 아래와 같아.

첫째, 군의 정치적 중립을 갖고

둘째, 4·19 및 5·16 혁명 정신의 계승

셋째, 5·16 주체 세력은 개인의 의사에 따라 군에 복귀하거나 민정에 참여

넷째, 민정 이양 후 일체의 정치 보복의 금지

다섯째, 혁명 기간에 기용된 공무원들의 신분 보장

여섯째, 새 헌법의 권위를 보장할 것.

(〈조선일보〉, 1963년 2월 19일)

다음날 국방부 장관과 국군 참모총장이 참가한 가운데 군 중립화가 선언됐단다. 2월 27일에 정치인들이 박정희의 2·18 수습 방안을 수락한다는 선서를 했어. 그런데 특수 부대 군인들이 3월 15일에 군정 연장을 요구하는 시위를 벌였단다. 다음날 박정희는 군정 연장의 문제를 국민투표에 부치겠다는 성명을 발표했어(3·16 성명).

미국은 군정 연장을 바라지 않았기 때문에 버거 주한 미국 대사가 박정희를 만났지. 4월 8일 박정희는 3·16 성명을 보류한다고 말했어.

<그림 31>
제5대 대통령 선거일 공고

야당 정치인들은 "박 의장은 3·16 및 4·8 성명을 철회하고 2·27 선서를 준수하여 속히 민정 이양을 실천하라. 민정 이양을 위한 선거 과도 내각을 구성하여 선거 관리를 담당케 하라. 정부는 심각한 경제 위기와 민생고의 해결을 위한 시책을 수행하라"고 했지.

　결국 군사 정부는 10월 15일 제5대 대통령 선거의 시행을 발표했어. 민주당 구파를 중심으로 하는 야당 세력은 민정당을 결성해 윤보선을 대통령 후보로 세웠고, 민주당 신파는 허정을 후보로 옹립했어. 박정희는 8월에 퇴역을 하고, 민주공화당에 입당한 후 대통령 선거에 출마했단다.

민주공화당과
4대 의혹 사건

민주공화당은 1963년 1월부터 사전 조직 작업에 들어가 3월 말에는 중앙 조직을 마련했고, 7월부터 당세 확장을 위한 시국 강연회를 열었어. 당의 상징은 황소로 정했어.

민주공화당은 창당할 때에 당원이 13만 8131명에 불과했는데 1963년 10월 15일 제5대 대통령 선거일에 당원 수가 150만 8006명에 달했대. 이렇게 당원 수가 늘어난 까닭에는 강제 동원도 있었대.

선거 운동 시작을 보름 앞둔 8월 31일 부산시 민정당 지구당에서는 통반장들이 공화당 입당 원서를 집집마다 배부하고 입당을 원치 않는 극빈자에 대해서는 양곡 배급을 주지 않겠다는 구실을 내걸고 있다고 지적했다.(〈조선일보〉, 1963년 8월 31일)

당원을 늘리기 위해 물질적인 매개물을 이용하여 국민들에게 입당을 권유하는 추잡한 일이 모처에서 있었다고 들었다. 당에 입당하면 밀가루 배급

<그림 32> 민주공화당 당기

을 더 많이 준다는 미명 아래 소위 입당 원서에다 날인을 강요한다니 국민
된 한 사람으로서 이번 공명선거에 흠이 갈까 두려움이 앞선다. 만일 그것
에 불응한다면 밀가루 배급을 주지 않겠다는 협박의 말로만 들리기에 말이
다.(〈경향신문〉, 1963년 9월 17일)

공화당은 당원 수가 경북이 22만, 경남이 9만, 부산시가 6만인 방대
한 조직을 자랑했어. 이러한 조직을 운영하려면 상당한 비용이 들겠
지. 그러면 민주공화당은 그 비용을 어떻게 마련했을까?

민주공화당은 증권 파동, 새나라 자동차와 파친코 도입, 워커힐 건
축을 통해 거액의 정치자금을 마련했어. 새나라 자동차 사건은 새나
라 자동차가 일본에서 자동차를 면세로 들여와 수입 가격의 두 배를 받
고 판매했는데 수익의 일부를 민주공화당에 냈지. 파친코 사건은 일본

<그림33> 새나라 자동차 공장

에서 파친코를 면세로 수입한 일이고. 이때 이익들이 민주공화당 창당
자금 등으로 사용됐어. 증권 파동 때는 정부 관리 주식을 조작해 대규
모 폭리를 취했어. 이 일로 상당수 투자자가 손해를 보았지만 최소 7억
에서 최대 39억 원 정도의 돈이 민주공화당 자금으로 들어갔대. 워커
힐은 관광지를 개발하는 과정에서 횡령한 공사 대금이 민주공화당으
로 들어갔고.

이 '4대 의혹 사건'은 나라 경제를 악화시켰고, 군사 정권의 도덕성
에 큰 상처를 입혔지. 1963년 9월에 서울 소비자 물가 지수는 6개월 사
이에 23.2%가 올랐어. 쌀값은 1963년 9월 군정 이전에 비해 약 2.5배,

보리 값은 약 3배 정도가 올랐단다. 이래저래 민중들만 힘들어진 거지.

그 외에도 김종필과 일본 외상 오히라의 비밀 합의 및 그에 따른 자금 지원, 삼분 폭리 사건, 국·공유지 부정 불하 사건 따위의 방법으로 자금이 조달됐대. 삼분 폭리 사건은 특정 재벌의 폭리를 정부가 묵인하고 그 대가를 받은 거야. 삼분은 밀가루, 설탕, 시멘트로서 이들 업자들이 부정하게 값을 갑자기 올려 50억 원의 폭리를 얻은 사건이야. 야당에서는 이를 정치자금과 관계있다고 주장했단다. 야당 의원들은 "업자들이 밀가루 한 부대에 307원 하는 것을 1400원에, 설탕 1근에 27원 하는 것을 150원에, 시멘트 1부대에 140원 하는 것을 400원에 팔아 국민을 착취했다"고 주장했어.

박정희가 민정 이양을 대비해 여당 창당 준비와 헌법을 개정한 데 비해 정치인들은 1963년이 되기 전까지 정치 활동을 할 수 없었단다. 이는 정치 활동 정화법 때문이야. 그런데 정치 활동 정화위원회에서 적격 판정을 받지 못하면 1968년 8월 15일까지 6년 동안 정치 활동을 못 했어. 민주당 또는 혁신계의 주요 정치인 269명이 여기에 해당해 활동을 제한받았어.

윤보선과 박정희의 '자유 민주주의' 논쟁

제5대 대통령 선거는 1963년 10월 15일로 민주공화당 박정희, 민정당 윤보선, 국민의당 허정, 자유민주당 송요찬, 추풍회 오재영, 신흥당 장이석이 입후보했어.

9월 15일부터 본격적인 선거 운동이 시작됐지만 높은 물가와 식량난으로 국민들은 선거에 관심을 가질 만한 여유가 없었단다.

민정당 대통령 후보 윤보선은 〈동아일보〉 1963년 9월 18일자에 실린 「민주주의 사상과 비민주주의적 사상과의 대결」이란 글에서 "금반 선거는 자유 민주주의의 탈을 쓴 군정이냐 민정이냐 하는 것을 결정짓는 중대한 계기"라면서 군정을 연장하려는 목적 아래 박정희가 입후보했다고 주장했어. 박정희는 군복을 벗고 양복으로 갈아입었지만 그가 당선되면 군정 연장과 마찬가지라는 의심을 끊임없이 받았거든. 박정희는 중앙방송에서 첫 정견 발표를 했는데 여기에서 자신에 대한 비판을 의식했음인지 "이번 선거는 개인과 개인의 대결이 아니라 민족적 이념을 망각한 가식의 자유 민주주의 사상과 강력한 민족적 이념을 바탕으로 한 자유 민주주의 사상과의 대립"이라는 뜻을 밝혔어. 국민의 무관심 속에 진행되던 선거 운동은 이 발표를 통해 변하기 시작했대. 박정희의 정견 발표 내용을 더 들어 볼까?

> 자유 민주주의가 왜 이 나라에서는 꽃이 피지 않는 것인지 아십니까? 그 이 유는 간단합니다. (…) 자유 민주주의는 건전한 민족주의의 바탕 위에서 존 재해야 한다는 것입니다. (…) 민족적 이념을 망각한 가식의 자유 민주주의 사상과 강력한 민족적 이념을 바탕으로 한 자유 민주주의 사상과의 대결입 니다. (…) 20세기의 정치 풍토를 특징짓는 것에 강력한 행정부와 영도력 의 확립이라는 권력 집중 현상을 들 수 있습니다. (…) 국민의 자유나 권위 의 가치도 국내외에 행사되는 국가의 행동을 통해서만이 이루어지기 때문 이기도 합니다. (…) 후진 민주 국가의 영도자는 자기의 신념과 이념을 바 탕으로 여론을 이끌고 국민에게 희망과 의욕과 용기를 북돋아 주어야 합니 다. (〈경향신문〉, 1963년 9월 26일)

박정희 정견 발표회의 핵심 내용은 진짜 자유 민주주의는 민족의식 을 갖는 것이라고 규정했어. 이어서 "사회 질서를 요구하는 것은 탄압 이다. 교통신호를 지키게 강요한 것은 독재다. 외국 대사관 앞에서 데 모하는 것은 자유다. 이러한 사고방식은 모두 자유 민주주의를 잘못 이해하고 있는 것이며 이것은 자주 자립의 민족적 이념이 없는 사람들 이 가지고 있는 천박한 자유 민주주의인 것입니다"라고 지적했어. 더 나아가 "20세기의 정치 방향은 권력 집중으로 후진 국가의 영도자는 강력한 행정부와 영도력을 가져야 하며 신념과 이념을 갖고 이끌어야 한다"고 했단다. 그가 말하는 자유 민주주의가 무슨 뜻인지 어렴풋이 짐작이 가지?

다음날인 24일 박정희의 발언을 어떻게 생각하느냐는 기자들의 질문에 윤보선은 "여수 반란 사건의 관련자가 정부 안에 있고, 여수 반란 사건은 민주주의와 민족주의를 신봉하는 사람이 한 것은 아니다"라고 말했어. 윤보선이 그 근거에 대해 말하지는 않았어. 다만, 박정희가 쓴 『국가와 혁명과 나』에서 서구 민주주의가 한국에 맞지 않다고 주장하고 이집트의 정치군인 나세르를 찬양하고 히틀러를 쓸 만한 인물로 평가하는 것을 보니, 그가 민주주의 신봉자인지 의심스럽다고 말해. 원본을 읽어 볼까?

> 불란서인은 먹기 위하여 일하고 독일인은 일하기 위하여 먹는다는 비유도 여기에서 온 것이다. 이러한 부흥의 원동력이 된 국민성 이외에 또 하나의 큰 요인이 된 것에 좋은 지도자를 가지고 있었다는 것을 들 수 있다. (…) 비스마르크나 히틀러에 이르러서도 그들의 정치가는 국민을 위하여 일할 수 있는 인물이었던 것이 사실이다. 전후 그 같은 기적이 일어난 것도 결국은 지도자의 힘이라 하여도 과언이 아닐 것이다. (박정희, 『국가와 혁명과 나』, 215쪽)

박정희는 독일이 부흥한 까닭을 국민성과 지도자의 힘으로 파악했는데 히틀러를 그 사례로 제시했어. 이어서 누가 민주주의자이고 누가 비민주주의자인가 하는 문제는 역사를 캐 보면 알 것이라고 했지. 국민의당 대통령 후보 허정도 "합헌 정부를 전복하고 쿠데타를 감행한 그의 사상적 근거가 자유 민주주의냐?"고 공개 비판했어. 윤보선과 허정은 자유 민주주의와 지도자의 관계에 대해 박정희의 정견과 책의 내용을 문제 삼았던 거야.

대구 선거 유세에서 윤보선은 "나와 박정희와의 대결은 정책 대결이 아닌 사상 대결"이라고 말했어. 이 발언은 선거 분위기를 바꿔 놓았단다. 이에 민주공화당은 윤보선의 발언을 매카시즘의 악랄한 수법이라고 비난했지. 다음의 민주공화당 광고가 그것을 말하고 있네.

전국의 지성인 여러분!

지난날의 우리 헌정사를 더듬어 볼 때 여러분들은 오늘의 야당 인사들이 얼마나 많은 지성인들의 건설적인 발언을 매카시즘적인 수법으로 탄압해 왔는가를 똑똑히 알고 계실 것입니다. (…) 자기들의 정치 지반인 전근대적인 유제가 위협을 당하면 용병이니 빨갱이니 하는 상투적인 언어로 상대 세력을 학살시켰던 것이 한국적 매카시즘의 아류들이 저질러 온 행정이었습니다. (…)

여러분! 이렇기 때문에 이번 선거는 우리의 정치 질서를 근대화시키려는 새로운 민족적인 세력과 낡은 질서를 고수하려는 외세 부화의 사대주의적인 세력과의 싸움으로 결정되었습니다. 따라서 역사를 전진시켜야 하느냐? 역사를 후퇴시켜야 하느냐? 하는 문제에 대해 여러분들은 다 같이 중책을 지고 계십니다. (…) 우리는 차제에 한국적 매카시즘의 신봉자를 우

리 사회에서 일소시키기 위해 분연히 궐기하여 과감히 투쟁합시다.(《동아
일보》, 1963년 10월 5일)

　사상 논쟁이 제기되자 민주공화당은 과거 시민을 빨갱이로 몰아치
던 한민당의 매카시즘 수법을 되풀이하는 소행이라고 반박했어. 선거
철만 되면 '매카시즘', '빨갱이'란 단어가 언제나 등장하는 단골 메뉴였
는데 여당 후보가 이렇게 말했네.
　윤보선은 전주 발언을 계기로 여순 반란 사건 관련, 함태영 사건, 이
질 사상 논쟁, 공화당 사전 조작 시비, 한일 회담에 얽힌 스캔들을 폭로
했어. 5일 대전 유세에서 박정희는 여당이건 야당이건 자유 민주주의
를 신봉하는 데 다를 바 없다며 민주주의를 실천 방법에서 차이가 있을
뿐이라고 한 발 물러섰지.

"새 일꾼 바로 뽑아
황소같이 부려 보자"

박정희와 윤보선 두 후보의 선거 운동을 분야별로 비교해 보면 다음과
같아.

하나, 정치 광고의 경우

박정희의 정치 광고

놀부 심술을 해부한다!

문 – 야당들의 단일후보 문제를 어떻게 생각하십니까?

답 – (…) 지난날의 행적으로 미루어, 이번의 단일후보 문제도 국민을 속이
려는 '잔꾀'와 조국을 또다시 혼란케 하려는 위험한 독소가 내포되어 있음
을 우리는 다 알고 있습니다.(…)

문 – 군정을 끝맺고 민정을 할려고 선거를 하고 있는 줄 아는데 왜 야당들
은 군정종식을 위하여 싸우겠다고 합니까?

답 – 그러게 말입니다. 그것은 야당측이 선의의 군정이라 하더라도 그른

민정보다 인상이 좋지 않은 국민감정을 이용하려는 것입니다. (…) 생각해 보십시오. 민정을 하기 위해서 선거를 하고 그 선거에 군복을 벗고 나선 게 아닙니까. 박정희 후보가 군인 출신이라는 것을 트집 잡는다면 현 프랑스의 '드골 정부'도 군정이요 미국의 '워싱턴' 대통령을 비롯하여 현 '케네디' 대통령에 이르기까지 17인의 군인 출신 대통령의 정부도 군정이란 말입니까. (…)

문 – 그리고 보니 민주공화당이 할 말을 그들이 하는군요. 그런데 왜 박정희 의장은 그런 방종을 떠는 사람들을 혼을 좀 내주지 못합니까?

답 –그 죄는 혼을 내 주고도 남지요. 그러나 '빈대 잡기 위하여 초가삼간 태울 수 없다'고 나라의 체면과 공명선거의 보장이라는 대명제가 있기 때문입니다. (…)

윤보선 후보의 광고

한번 들인 권력의 맛을 잊지 못하여 모든 공약과 선서를 헌신짝처럼 버리고 국민을 속이고 부정한 돈을 물 쓰듯 하여 군정 연장을 꾀하고 있습니다. 군복을 벗었으니 어제의 내가 아니라고 (…) 군정 종식이란 역사적 사명을 완수하여 민주 소생의 영광된 생리를 거둘 결전의 날이 눈앞에 다가왔습니다. (…) 동포들이여 조국의 운명을 결정하는 이 처절하고도 성스러운 싸움에서의 자손만대의 자유와 번영을 쟁취하기 위하여 총궐기하십시오.

박정희는 민주공화당의 상징으로 황소를 내세워서 일 잘하고 부지런한 이미지를 자신과 일치시켰어. 또한 "유권자 여러분! 이순신을 택

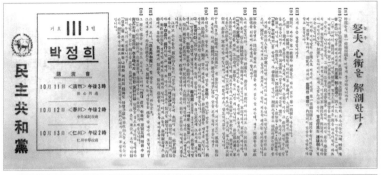

<그림 34> <그림34-1> 신문에 실린 박정희의 정치 광고

<그림 34-2> 민주공화당의 선거 현수막

할 것인가, 원균을 택할 것인가, 놀부를 택할 것인가, 흥부를 택할 것인 가"라는 구호로 민정당의 윤보선을 놀부와 원균으로 비유하고 있네.

윤보선은 주로 '군정 종식', '결전의 날' 같은 단어로 정권 교체의 타 당성과 유권자들의 선택의 중요성을 언급하며, 집권 연장을 막을 힘은

<그림 35> <그림 35-1> <그림35-2>
윤보선의 정치 광고

<그림 35-3> 민정당의 현수막 광고

국민뿐이라는 광고를 했어.

박정희와 윤보선 두 후보의 정치 광고의 가장 큰 특징은 박정희는
신문 1면 1단에 박정희의 얼굴이나 황소 그림 또는 일하는 그림 또는

이순신과 원균을 비교하는 그림 따위로, 이미지를 많이 사용했어. 반면 윤보선의 정치 광고는 그림 없이 윤보선의 사진과 함께 빼곡히 정책과 정견을 실었어. 아마도 자금이 부족해 내용을 나눠서 실을 수 없었던 사정도 있었겠지.

민주공화당이 정치 광고에서 앞서갔는데 이것은 자금 덕분이었어. 제5대 대통령 선거 때 각 정당이 사용한 선거 자금은 아래와 같아.

야당의 선거 자금은 다 합쳐도 여당의 5분의 1 수준에 불과해. 게다가 실제로 여당이 쓴 선거 자금은 이보다 훨씬 많았대.

둘, 지방 선거 유세와 말들

허정과 송요찬이 사퇴하면서 윤보선이 야당 단일 후보로 나서게

<표 26> 제5대 대통령 선거 정당별 선거 비용 지출 현황

정당명	선거 비용 지출액(원)	비율(%)
신흥당(장이석)	134,170	0.1
자유민주당(송요찬)	471,620	0.4
민주공화당(박정희)	85,207,440	76.9
추풍회(오재영)	1,450,139	1.3
민정당(윤보선)	19,135,297	17.3
국민의당(허정)	3,847,782	3.5
정민회(변영태)	521,476	0.5
합계	110,767,924	100

참조 : 박경석, 「대통령, 국회의원 선거 자금」, 『신동아』 5월호, 1967, 205쪽

돼. 제5대 대통령 선거는 박정희와 윤보선의 대결로 좁혀졌어. 양 후보가 무엇을 중요하게 생각했는지 지방 선거 유세에서 했던 말들로 정리해 보자.

〈표 27〉과 〈표 28〉에 따르면 박정희는 자신은 용공 분자와 반미주의자가 아니라는 점과 거국 내각의 구성, 정치범 석방과 연좌제 폐지, 민주공화당은 현실에 충실한 혁명 정당임을, 윤보선은 민주공화당의 자금 문제, 박정희의 친공 혐의, 경제 정책 등을 제기했어. 윤보선과 박정희의 지방 유세도 앞에서 언급한 자유 민주주의 논쟁에서 더 나아가지 않았어. 한국 사회에서의 민주주의 실행에 대한 구체적인 방향 논쟁이었다면 민주주의 논쟁사에 중요한 역할을 했을 텐데 그렇게 전개되진 않았어. 오히려 경쟁자를 비난하는 방향으로 흘렀던 것 같아.

민정당은 민주공화당의 선거 공약이 나열적이며 추상적이고 아무런 특징이 없는 실현성 없는 공약이라고 비판했지만 민주공화당과 크게 다르진 않았단다. 선거 공약이 차별적이지 않다면 황소처럼 일하겠다는 사람에게 표를 달라는 것이 훨씬 적극적인 선거 운동이었겠지.

셋. 선거 구호와 사건들

각 정당의 대통령 선거 구호를 볼까? 신흥당은 "새 사람 나왔다", 자유민주당은 "다 죽겠다. 갈아 치자", 민주공화당은 "새 일꾼 바로 뽑아 황소같이 부려 보자", 추풍회는 "배고파 못 살겠다. 죽기 전에 살길 찾자", 민정당은 "군정으로 병든 나라 민정으로 바로잡자", 국민의당은 "총칼로 망친 살림 내 한 표로 바로잡자", 정민회는 "바른 사람 바로 뽑

<표 27> 박정희의 지방 유세 내용

요일	내용
9월 28일 서울	나는 결코 용공 사상을 갖지 않았다. 우리나라에는 (…) 하나는 혁명을 긍정하고 주어진 현실적 여건에 충실하려는 정당이고 또 하나는 현실을 역행하는 반혁명적 정당이다.
10월 3일 광주	나를 빨갱이라는 등 온갖 모함을 하고 있으나 지금은 참겠다. (…) 선거가 끝나면 법에 의해 처단하겠다.
10월 5일 대전	내가 민정을 맡게 된다면 초야에 묻힌 숨은 인재를 광범하게 등용하여 거국적인 내각을 구성하여 국민의 정부를 이룩하겠다. 구정치인들은 과거 자기들에게 거슬리는 사람이면 빨갱이로 몰았다.
10월 6일 대구	공산주의자나 극단적인 반국가 행위자를 제외한 모든 정치범을 석방하겠다. 나는 반미주의자가 아니다. 구걸식 원조는 받지 않겠다는 게 내 자세이다.
10월 7일 진주	공명선거투위는 그 이름과는 거꾸로 선거 분위기를 해치는 고약한 단체이다.
10월 9일 동래	내가 대통령이 되면 지금 민간을 괴롭히고 있는 신원 조사 제도를 시정하여 연좌주의를 지양하고 당사자주의를 채택하겠다.
10월 10일 경주 안동	형의 친구지만 간첩 황을 죄라 했다. 눈이 뒤집힌들 일본 돈을 받을 수 있겠는가. 선거 기간 중에 언론 기관은 중립을 지키기를 바란다. 정보부는 순수한 안보 기구로 존속시키겠다. 우리는 궁극적으로 우리나라를 공업국가로 만들기를 구상하고 있다. 물가가 오른 직접적 원인은 흉년에 있기보다는 민주당 정권이 환율을 올렸기 때문이다.
10월 11일 영주	야당 측에서 나를 빨갱이로 몰고 있는데 공명선거를 위해 시비는 선거 후로 미루겠다.

참조 : <경향신문>, 1963년 10월 12일

<표 28> 윤보선의 지방 유세 내용

요일	내용
9월 21일 목포	혁명 정부가 저질러 놓은 5악(기아, 부패, 실업, 불법, 분열)을 제거해야 한다.
9월 22일 광주	공화당의 모 씨는 온갖 공갈과 위협을 국민에게 가했다는데 이것이야말로 유권 대중을 기만하는 것이다.
9월 23일 여수 순천	박정희 씨가 주장하는 민족적 민주주의는 이질적인 것으로 기어이 배격해야 한다. 우리 한국민은 자유 민주주의를 생명으로 안다.
9월 24일 전주	여순 반란 사건의 관계자가 정부 안에 있는 듯하다. 이번 선거는 정권 다툼이 아니라 민주주의와 이질적 민주주의 대결이다.
9월 25일 이리	우리가 우리의 민주주의를 살리느냐 죽이느냐 하는 것은 오직 유권 대중에게 있다.
9월 27일 청주	외유 중인 전 중앙정보부장 김재춘 씨를 즉각 소환하여 공화당의 정체와 사전 조직 자금 루트를 증언할 수 있게 해야 한다
9월 28일 대구 수성천	공화당에 대해 깊은 의혹을 느낀 것은 (…) 공화당 자금 루트인데 이 돈이 보통 돈이 아니라는 의심을 하지 않을 수 없다.
10월 5일 서울 남산	경제개발 5개년 계획을 뜯어고쳐 민생고 해결에 크게 이바지하겠다. 민족주의를 자위하는 박정희 씨가 왜 일본 군대에 자진 입대했는가.
10월 6일 춘천	왜 해방 후 공산당을 하고 남로당의 군사 책임자를 지냈는가. 그리고 어떻게 대통령을 하겠다고 나서느냐.
10월 7일 원주	군인이 박정희 씨를 지지한다고 생각한다는 것은 큰 오해이다. 정치범을 즉각 석방하라.
10월 8일 서울	박정희 씨가 여순 사건에 관련되어 있다는 것은 정부 간행물에도 있다. 경제 대책을 위해 경제계 중진들로 특별 기구를 만들겠다.
10월 10일 충주	박정희 씨는 경찰 공무원을 불법 동원하고 재건국민 운동원 및 중앙정보부까지 끌어들여 공명선거를 깨뜨리고 있다. 유권자를 정치 성분에 따라 ABCDE의 5종으로 나누고 친야적 유권자 포섭에 총동원하고 있다.
10월 11일 김천	농어촌의 소득을 배가시키며 실업자를 대폭 구제하고 무의무탁의 노인, 고아, 불구자 등을 정부가 책임지고 보호 선도하겠다.

참조 : <경향신문>, 1963년 10월 12일

아 나라일 바로잡자"였어. 이들 선거 구호 가운데 민주공화당과 민정당, 국민의당의 구호가 가장 선명한 것 같네. 다른 구호는 1950년대 구호와 비슷하고 의사를 명확하게 밝힌 것 같지 않아.

선거와 관련된 일화 가운데 편지 내용 때문에 곤란을 당한 일과 중앙선관위가 세금을 낭비한 일을 소개할게.

서울체신청은 직원이 편지 내용 중에서 박정희를 비방했다는 이유로 근신 3개월의 징계를 내렸어. 한 직원이 고향에 있는 애인에게 쓴 글귀 가운데 "이제 방학도 눈앞에 닥쳤으니 박정희 군의 민정 이양 스케줄 모양 질질 끌지 말고 어떻게 방학 스케줄을 발표할 수는 없는가?"라는 내용이 있었는데 이것이 검열에 걸렸는데, 국가 원수를 모욕했다는 거야. 선거 기간 동안 일어난 재미난 일이라고 웃어넘길 수도 있겠지. 그런데 이건 민주주의 사회에서 매우 심각한 문제야. 사적인 편지를 검열해서 헌법에 보장된 "사생활의 비밀과 자유"를 부당하게 침해한 거잖아.

중앙선관위는 "선거 기간 중 각종 연설회나 집회는 허위 사실을 날조하여 정부를 비방하거나 5·16 혁명 또는 국가 기관을 부인하는 내용의 연설은 할 수 없다"며 미리 연설이나 선거 운동의 범위를 정해 놓았어. 그런데 중앙선관위가 중립적이지 않다는 비판을 받았어. 선거 계몽용 포스터와 공화당의 포스터에 다 같이 쟁기 끄는 농부와 황소 그림이 등장했거든. 중앙선관위는 공화당의 현수막보다 앞서 만든 것이라 변명했지만, 비판 여론이 거세지자 배부한 포스터를 모두 거둬들이지.

농촌은 여당표,
도시는 야당표

그럼 이제 선거 결과를 볼까?

총 투표율은 85%였고 민주공화당(이하 공화당)의 박정희가 46.6% 득표로 당선됐어. 민정당 윤보선과의 표 차이는 불과 1.5%였어. 박정희는 나라 안팎의 언론이 예상한 것보다 훨씬 낮은 지지를 받았단다. 조직력과 자금력의 엄청난 우위에도 15만 표 차이로 어렵게 승리한 거야. 이는 군정에 대한 국민의 지지가 그만큼 낮았음을 뜻해. 4대 의혹 사건과 같은 부정부패로 국민의 반감이 크고 선거 운동 과정에서 야당 대통령 후보의 단일화가 있었기 때문이야.

제5대 대통령 선거는 역사상 지역에 따라 지지세가 뚜렷이 나뉘었어. 여당인 공화당의 박정희는 제주, 부산, 경남, 경북, 전남, 전북 등 남부 지역에서, 민정당의 윤보선은 서울, 경기, 강원, 충북, 충남 등 북부 지역에서 우세했어. 지역적으로 남북 현상이 뚜렷이 나타난 거야.

이는 구호 식량 배당과 관련이 있다고 해. 선거 때 중앙정보부장 김형욱은 일본의 미쓰이 사와 미국으로부터 받은 밀을 영·호남 지역에

<표 29> 제5대 대통령 선거 결과

시 도	박정희		윤보선	
	득표수	비율(%)	득표수	비율(%)
서울	371,627	30.2	802,052	65.1
부산	242,779	48.2	239,083	47.5
경기	384,764	33.1	661,984	56.9
강원	296,711	39.6	368,092	49.1
충북	202,789	39.8	249,397	48.9
충남	405,077	40.8	490,663	49.4
전북	408,556	49.4	343,171	41.5
전남	765,712	57.2	480,800	35.9
경북	837,124	55.6	543,392	36.1
경남	706,079	61.7	341,971	29.9
제주	81,422	69.9	26,009	22.3
총계	4,702,640	46.6	4,546,614	45.1

참조 : 중앙선거관리위원회, 『대한민국 선거사』 제1집, 753쪽

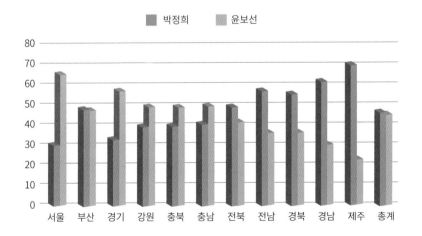

살포했어. 특히 경남과 전남 지역은 구호 식량의 반을 배당받았대. 식량난에 허덕이는 상황에서 다른 지역보다 많은 경제 지원을 받은 것이 박정희를 지지하는 원인으로 작용했다는구나.

한편 〈경향신문〉은 윤보선이 영남에서 패배한 주요 원인을 윤보선 쪽 인사인 김사만의 '영남 사람 빨갱이 발언' 때문이라고 평가했어. 사실 윤보선과 박정희의 사상 논쟁은 '자유 민주주의'에 대한 논쟁이었고 특정 지역의 사상적 경향을 따지지 않았거든. 그런데 김사만의 발언은 특정 지역 유권자의 사상을 문제 삼은 거야. 이것이 영남 유권자들의 강한 반감을 가져왔다는 분석이야.

윤보선은 영남 지역의 부산, 대구, 진주, 충무, 진해, 삼천포, 울산과 전남 순천을 제외한 대부분 도시에서 박정희보다 많은 지지를 받았어. 박정희는 대체로 농촌에서 지지를 많이 받았지. 한국 선거의 주요 현상이라 말해지는 농촌은 여당표, 도시는 야당표라는 '여촌야도' 현상이 이때도 나타났어. 1958년 5·2 총선 때부터 나타난 현상인데, 당시 농촌에서 관권과 금권이 작용하기 쉬웠다는 주장이 있어.

6장

제6대 대통령 선거

1967년,
홍수처럼 밀려든
개발 공약

군사 정권의
굴욕적인 대일 외교

제5대 대통령 선거 때 박정희와 윤보선이 자유 민주주의에 대해 논쟁했던 일 기억나지? 이때 박정희는 민정당의 윤보선을 '가짜 자유 민주주의자'라고 단정했어. 그 근거는 민족의식이 없다는 거잖아. 그렇다면 민족의식을 가진 자유 민주주의란 뭘까? 여기에 대해서는 더 이상 설명이 없어 그 내용을 파악할 수 없었지. 그래서 한일 회담과 베트남 전쟁을 통해 박정희가 말한 자유 민주주의가 무엇인지 살펴볼까 해. 우선 과거 식민 지배국이었던 일본에 어떤 태도로 협상에 나섰는지를 알아보자.

한일 회담 비준서 교환에 앞서 박정희는 1965년 12월 18일 담화를 발표했는데 내용은 다음과 같아.

친애하는 국민 여러분!

오늘 서울에서는 한일 양국의 전권 대표 사이에 한일 협정 비준서가 정식으로 교환되었습니다. 14년이라는 긴 세월을 두고 그 처리 과정에 있어서 상당한 진통을 겪지 않을 수 없었던 이 문제가 드디어 해결되고 이제 양국 간에 비준서를 교환하게 된데 즈음하여 나는 몇 가지 소신을 밝혀 국민 여러분의 협조를 얻고자 합니다.

국가와 국가 간의 관계도 개인과 개인 간의 관계와 마찬가지로 이해관계에 따라서 서로 이합 집산하는 것은 역사에 있어서 하나의 철칙이라고도 하겠습니다. (…) 어제의 우방이 오늘의 적국으로 되는가 하면 어제의 적국이 오늘의 맹방이 되기도 합니다. (…) 오랫동안 구적 관계에 있던 불란서와 서독은 끊을 수 없는 우방으로 결합되어 상호 간의 이익을 위해 서로 협조해 나가고 있는 것입니다. 과거 36년간 우리와 일본 간의 관계로 말한다면 그것은 분명히 구적 관계라고 할 수 있습니다. 그러나 그것은 어디까지나 과거입니다. (…)(동북아역사넷, 「한일회담외교문서」)

그래 맞아. 대통령의 말대로 국가 간 관계는 국가의 이해관계에 따라 멀어지기도 하고 가까워지기도 하지. 그렇지만 한국과 일본은 프랑스, 독일과는 달라. 식민지 지배로 인한 피해 배상 등의 문제가 해결되지 않았기 때문이야. 그런데도 박정희 대통령은 과거 36년간을 그저 '구적 관계'였다며 이제 서로 협력하자고 제안했어. 이런 태도는 비밀리에 열린 예비회담에서도 아주 잘 드러났지.

한일 회담을 타결하기 위해 1962년 8월부터 한국 측 주일 대사와 일본 측 수석 대표 사이에 예비회담이 여러 차례 열렸대. 그중 한 대목이야.

일본 — 청구권으로서 우리가 지불을 인정할 수 있는 액수는 7000만 달러 정도다. 그러나 청구권 해결과는 별개로 한국의 독립을 축하하고 민생 안정과 경제 발전에 기여하기 위해 무상·유상의 경제 원조를 한다는 형식으로 상당한 금액을 공여할 수 있다.

한국 — 청구권과 무상 원조를 합친 개념으로 양보하겠다.

일본 — 한국 측에 용의가 있다면 곧 결정하겠다. 한국 측 숫자는 얼마인가?

한국 — 순 청구권 3억 달러, 무상 원조 3억 달러이다. (…)

일본 — 인도, 미얀마와 무엇이 다른가. 그들은 독립할 때 청구권을 받아낸 일이 없다. 6억 달러에서 내려오지 않는 한 절충을 계속할 수 없다. 또 청구권이라는 말을 표면에 사용할 수 없다. (…)

한국 — 우리로서는 민정 이양이 가까워지면 사정이 복잡해지고 민정 이양이 되어서 국회가 생기면 더 시끄러워진다. 되도록 빠른 것이 좋다.(〈동아일보〉, 1992년 6월 22일)

배상이 아닌 '청구권'이란 단어를 사용한 것은 전쟁에 의한 피해의 배상이 아니라, 식민지 시대에 누적된 채권을 한국 측이 청구한다는 뜻이야. 식민 지배가 부당했다는 전제가 빠진 거야. 일본 측은 청구권이라는 말도 겉으로 드러내길 바라지 않았어. 군사 정권은 공식적인 외교 채널을 통하지 않고 비밀리에 회담에 나섰지.

반면 국민들은 일제의 침략과 식민 지배에 대한 사죄와 배상을 강력히 요구했어. 그런데 비밀회담에서도 알 수 있듯이 박정희 정권은 차관을 비롯한 경제 개발에 필요한 자금을 확보하는 데만 치중했어. 이에 학생과 시민, 언론은 '굴욕적인 대일 외교'에 반대했어. 학생들은 한일 회담에 대한 반대에서 한 걸음 더 나아가 1964년 6월에는 정권 퇴진을 요구하는 시위를 벌였어(6·3 시위). 정부는 비상계엄과 휴교령으로 반대 운동을 억눌렀지. 그리고 이듬해 대학과 고등학교의 문을 닫고 위수령을 내리고 군대를 동원한 가운데 한일 협정이 비준됐단다.

공화당의 백 가지 약속

6대 대통령 선거에는 공화당의 박정희, 신민당의 윤보선, 통한당의 오재영, 한국독립당의 전진한, 민중당의 김준연, 정의당의 이세진, 대중당의 서민호가 나왔어. 뒤에 야권 통합을 이유로 서민호는 사퇴했어. 선거는 이전 선거와 마찬가지로 박정희와 윤보선의 대결로 이어졌지. 선거일은 1967년 5월 3일이었어.

이 선거에는 선거 공약이 남발했어. 공화당은 '살기 위한 100가지 약속'이라며 "편리한 살림을 위해, 명랑한 생활을 위해, 농민을 위해, 어민을 위해, 자녀 교육을 위해, 학문과 문화 향상을 위해, 공업 입국을 위해, 중소기업의 발전을 위해, 수출을 늘리기 위해, 국제 지위를 높이기 위해, 통일을 위해, 내일의 평화를 위해"라는 항목으로 100가지 약속을 나열했단다.

공화당의 이 약속에 대해 신민당은 '국고 손실, 특혜 융자, 밀수, 독직' 따위의 항목을 들어 '100가지' 잘못한 일을 나열했단다. 특혜 융자 부분을 읽어 볼까?

<그림36> <그림36-1>
공화당 대통령 후보 지명 대회

(69) 재벌에 정부의 압력으로 제일은행에서 일반 대출한 9억 2300만 원의

특혜 융자 사건

(70) 국민 저축금을 위법으로 비생산 부문에 9억 4000여 만 원 특혜 융자 사건

(71) 화신산업에 시설 자금으로 1300만 불 지불 보증하고 조흥은행에서 불

법으로 3억 5000만 원을 편차 대출한 특혜 사건

(72) 특정 기업체에 총 23억을 편차 대출한 사건

(73) 정부 고위 금융위 규정을 위배하며 삼대 재벌 삼호, 판본, 화신에 128

억의 금융 특혜 사건 (…)

선거 공약과 상호 간 정책 비판은 선거 운동 과정에서 더 많이 나왔
어. 말들의 잔치라 할 만했지. 공화당은 1차 5개년 계획의 업적과 2차

5개년 계획의 수행을 통한 조국 근대화의 전망을 제시했고 이를 주요 정책 공약으로 삼았어. 공화당은 고도성장과 공업화가 풍요로운 사회로의 지름길이라며 나누어 먹기식 분배보다는 공업화를 위한 기간 산업 건설을 위해 대기업의 육성이 우선적인 임무라고 했단다.

선거 공약에서 제안된 공화당과 신민당의 경제 정책을 좀 더 살펴보자.

공화당	신민당
5개년 계획에 따라 큰 공장을 많이 짓게 됐고 그에 따라 대기업의 규모가 커진 것은 사실이다. 그러나 그것으로 인해 국민경제 전체가 몇몇 사람의 손에 좌우될 수 없는 것이며 부익부 빈익빈 정책이라고 비난받을 일이 못 된다. 국가 경제의 성장을 위해선 우선 공업화의 바탕인 기간 산업을 발전시켜야 하고 큰 공장을 민간인에게 맡길 적엔 능력과 재력을 갖춘 사람에게 주기 마련이다. 빈부의 격차를 완화하기 위해 정부는 많은 시책을 써 왔으며 더욱이 이제는 공업화의 바탕이 마련됐으므로 앞으로는 모든 국민이 고르게 잘 살 수 있도록 균형된 사회를 만드는 데 큰 힘을 기울일 것이다. 구체적 시책으로 물가 안정, 종합소득세제의 실시와 면세점의 인상, 농어업 및 중소 기업 부문에 대한 투자 증대에 등에 힘을 기울인다.	박정권의 경제 정책은 대중 수탈에 의한 재벌 비대의 강행으로 부익부 빈익빈 빈부양극화 현상을 초래했다. 국민 인당 1만 원씩의 빚을 진 10억 불 이상의 외채와 근로자, 농어민, 중소 시민의 피눈물 나는 희생 위에 이루어진 경제 성장의 혜택이 몇몇 특권층에게 집중됐다. 우리나라 재력의 10분지의 1이 15인의 손에 좌우되고 있을 정도다. 중소기업의 경우로 예를 보면 1966년 1년 동안에 13.4%가 도산했다. 물가의 계속적 앙등으로 초래되는 인플레에서 일부 재벌들은 대다수 서민층과는 달리 부동산과 재고품 가격 앙등, 저리 은행 차금의 부담 감소 등 횡재적 이익을 독차지했다. 소득 분배의 격심한 편차가 또한 빈부 양극화를 조장했으며 정치권력과 결탁된 정치 투자, 특혜 금융, 조세 정책, 지불 보증, 정부 공사 등은 부정 부패의 온상이 되기도 했다.

참조 : <동아일보>, 1967년 3월 28일

<그림36-2> 공화당 선거 광고

　공화당은 선거 공약에서도 대기업 육성이 주요 과제라고 했어. 이러한 정책에 대해 신민당은 부익부 빈익빈을 강화시키는 것이며 한국 경제가 15인의 재력에 의해 좌우되며 중소기업의 도산율이 증가하고 있음을 제기했지. 공화당의 정책 덕분에 한국 자본주의는 문어발식 경영이라는 독특한 기업 문화를 양성했단다. 이런 기업을 '재벌'이라 불렀어.

　재벌은 한국 경제 발전과 수출에 일정한 몫을 담당하기도 했으나, 신민당의 주장처럼 대부분 정치와 긴밀한 결탁과 특혜 조치에 힘입은

<표 30> 재벌 산하 기업체 수

재벌 수	1973년	1974년	1975년	1976년	1977년	1978년
5대 재벌	43	51	54	68	91	111
10대 재벌	80	98	104	127	150	185
20대 재벌	152	187	199	209	242	284
46대 재벌	290	315	329	335	393	421

참조 : 사공일, 『경제 성장과 경제력 집중』

것이었어. 재벌 기업들은 상호 출자로 서로 얽혀 있으며, 대체로 일가 친척에 의한 족벌 경영을 해 왔어. 〈표 30〉에서 5대 재벌의 산하 기업체 수는 1973년 43개였는데 5년 만에 2.6배인 111개로 늘었어. 10대 재벌의 경우도 2.3배로 늘었단다.

그런데 공화당은 통일이나 지방자치제 등 모든 문제는 경제 성장 뒤에 이룩하자고 주장했지.

통일 논의는 제2차 5개년 계획이 끝난 뒤인 70년대 후반기에야 본격적으로 전개한다. 그때라야 통일에 필요한 힘을 갖출 수 있기 때문이다. 남북 교류는 북괴의 적화 공작에 이용당할 우려가 있으므로 반대한다. 지방자치제는 아직 우리 국민이 그 제도를 효과적으로 운영할 수 있는 자질과 재정적 실력을 갖추지 못하고 있어 시기상조다.

"조국 근대화를 완수하자"

1967년 4월 15일 아침 6시 50분, 박정희는 중앙방송(KBS)을 통해 제1회 방송 선거 연설을 했어. "기왕 착수한 제2차 경제개발 5개년 계획을 손댄 그 사람들로 하여금 밀고 나가게 해야겠다는 것이 또한 국민 대다수의 여망임을 믿고 나는 대통령 선거에 다시 입후보하기로 했다"고 밝혔지.

신민당 후보 윤보선은 4월 22일 서울에서 선거 유세를 했어. 이날 연설 내용은 다음과 같아.

- 신민당이 집권하면 국무총리를 비롯하여 주요 각료를 널리 당 외에서도 기용하여 거국내각을 구성하고 세대계승에 대한 교량적 역할을 위해 유능한 청장년을 널리 기용하며 부녀진출을 위한 문호 개방과 양식 있는 인사들을 정책 수립에 참여토록 한다.
- 공산당과 간첩을 제외한 모든 정치범을 집권 즉시 석방하고 정쟁법을 해제하며 민주 애국 투쟁에서 희생된 교수, 학생, 공무원 등을 학원과

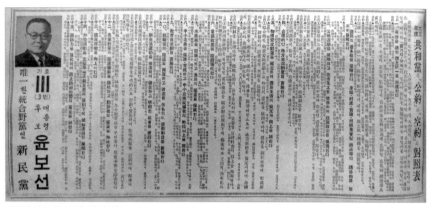
<그림 37> 윤보선 선거 광고

직장에 복귀토록 한다.

- 국민의 자유와 재산권을 보장하며 특히 소급 입법으로 이를 부당하게 침범하는 사태를 일소한다.
- 노조의 자유 설립을 보장하고 노동자와 농민 대표 등 각 직능 대표가 그들의 이익을 정부 시책에 반영할 수 있는 길을 마련한다.
- 신민당의 집권 공약(이중 곡가제) 등은 정보 정치의 비용을 절약하고 정부 공사비의 정치자금화를 막으며 일반 행정비를 줄이는 것으로 실현할 수 있다
- 서민 대중을 보호키 위해 연 20%로 오르고 있는 소비자 물가를 연 10% 선으로 억제하고 최저 임금제를 보장하겠다. (동아일보, 1967년 4월 22일)

윤보선은 거국 내각 구성, 정치범 석방, 국민의 재산권 보장, 노조 설립과 최저 임금제 보장, 소비자 물가 억제 따위의 정책을 내걸었어.

<그림 38> 박정희의 선거 광고

    23일에 박정희는 대구 수성천 변에서 선거 연설을 했는데 강렬한 어조로 야당을 공격했어. 다음은 연설 내용을 간추린 거야.

- 우리나라 야당은 거짓말 잘하기론 세계에서 둘째가라면 서러워할 것이며 정치와 경제에 대해서는 앞뒤가 맞지 않는 말을 하고 거짓말, 생떼, 모략, 중상 등 공화당이 도저히 못 따라갈 재주를 가졌다.
- 누가 집권을 하든 당장 국민들이 부자가 될 수는 없으며 방법이 있다면 꾸준히 일해 수년 후에 잘사는 것뿐이다.
- 지난 3년간 잘한 것도 있고 못한 것도 있으나 한일 회담과 월남 파병에 대해서는 지금도 잘했다는 소신에 변함이 없다.
- 1차 5개년 계획 특히 중농 정책은 성공적이었으며 지난 5년 동안 국민 총생산의 성장률이 연 8.5%였고 작년 1년 동안은 12.9%로써 세계에서 1위를 차지했다.

- 2차 5개년 계획으로 농공 병진, 수출 산업 육성, 중공업 육성, 사회 간접
  자본 건설에 힘쓰겠다.
- 61년도를 근대화의 시발점으로 삼는다면 그때부터 20년 안에 조국의
  근대화의 과업이 완수될 것이다. 그것이 예정대로 진행된다면 70년대
  후반기에는 남북통일을 본격적으로 다루게 될 것이다. (동아일보, 1967
  년 4월 24일)

박정희는 야당은 거짓말쟁이라며 여당의 성공한 정책으로 한일 회
담과 월남 파병, 1차 5개년 계획으로 인한 중농 정책을 꼽았어. 그리고
2차 5개년 계획의 수행으로 1970년대 말에는 '조국 근대화' 과업을 완
수할 수 있다고 했어.

신민당은 1963년도 공화당이 내건 '공약'(公約)이 '공약'(空約)임을
강조하는 광고를 해서 공화당의 약속이 얼마나 국민을 기만했는지 설
명했어. 그리고 몇 가지 공약과 관련해서 공화당과 신민당은 의견을
달리했어.

하나, 비료 가격과 곡가

신민당은 이중 곡가제 실시와 비료 값의 3할 인하 및 판매 자유화를
약속했어. 이에 공화당은 국산 비료 공장이 모두 완공되면 비료 값의
인하를 공약했어. 비료 값의 3할 인하라는 신민당의 주장에 박정희는
내용을 잘 모르고 하는 말이라고 반박했어. 이중 곡가제 주장도 실현
불가능하다고 했어.

둘, 병역 기간

신민당은 병역 복무 기간의 단축과 공무원 봉급 인상을 약속했어. 이에 공화당은 복무연한을 2년으로 단축하려면 병력을 40만으로 줄이거나 고령자를 징집할 수밖에 없다며 적을 이롭게 하는 결과를 가져올 것이라고 비난했어.

셋, 경제 개발의 결과, 부익부 빈익빈

신민당은 대중경제를 제기하면서 부익부 빈익빈 문제를 비판했어. 반면 공화당은 공업 입국의 터전이 확고해질 때까지는 국민들은 참아야 하며 대중경제란 이름으로 무조건 나눠 먹자는 신민당의 제안은 가난의 평준화라고 주장했어.

넷, 선거 때만 등장하는 연좌제 폐지

1963년 대통령 선거 때 박정희는 사상 관계자 연좌제의 철폐를 선거 공약으로 내걸었어. 그 뒤 소식이 없다가 1967년 1월에 중앙정보부장은 전국의 사상 관계자 24만 명 가운데 5만 명에게 철폐를 통고했다고 발표했어. 신민당은 선거를 앞두고 해제를 발표한 점은 의심스럽지만 연좌제 폐지의 필요성을 강조했어.

선거 전날 발표한 국토 건설 계획

현직 대통령이 다시 대통령 후보가 되면 많은 특권이 있어. 이승만도 대통령직을 유지하면서 후보자로 나와서 끊임없이 의견을 발표했잖아. 공보 기구를 통해 선거에도 관여했지. 박정희는 한 술 더 떠서 선거 바로 전날인 5월 2일 기자 회견을 열었단다. 조국 근대화의 기본 설계가 되도록 하겠다며 대국토 건설 계획, 물가 대책을 내놓고 선거 양상 따위에 대해 말했어. 부동층의 표를 충분히 끌어올 만한 효과가 있었어. 다음은 기자들과 묻고 답하는 내용이야.

> 문 – 이번 선거를 통해 느끼는 점, 특히 여야의 정책대결이 이루어졌다고 보는가? 그리고 3년 반 동안의 치적에 대해 말해 달라.
> 답 – 야당의 정책이나 공약은 고루하고 진부하다. (…) 인기 정책으로 유권자의 판단을 흐리게 해서는 곤란하다. (…)
> 문 – 선거 연설에서 밝힌 대국토 건설 계획의 윤곽, 소요 자금 및 착수 시기에 대해 구체적으로 말해 달라.

답 – 대국토 건설 사업은 조국 근대화 기본 설계의 하나다. 4대강인 한강, 낙동강, 금강, 영산강의 조사를 진행 중인데 이것이 끝나면 대국토 건설 계획의 소요 자금 30~40억 달러의 1차분의 10억 달러를 목표로 국제 금융 채권 발행을 구상 중이다. 4대강 유역 개발의 목적은 공업·농업용수, 전력, 홍수 조절, 수운이며 수력과 전력의 힘으로 농촌을 개발하려는 것으로 이는 농공 병진 정책의 하나이다.

도로는 서울 – 인천, 서울 – 강릉, 서울 – 대전 – 부산, 대전 – 목포 간의 척추 고속도로를 건설하겠다. 철도는 동·남·서해안을 연결하는 해안 순환 철도를 만들 것이다. (〈경향신문〉, 1967년 5월 2일)

그전에도 지방 유세를 다니면서 호남선과 중앙선의 복선화 따위로 지역 개발 공약을 말했어. 그러다 선거 전날 기자 회견을 통해 극적인 효과를 노린 거야. 일하는 대통령의 이미지로 미래의 전망을 제시함으로써 표를 얻으려는 의도였단다. 대국토 건설 계획은 20년에 걸친 장기간의 개발 계획으로 비현실적이라는 비판도 있었지만 국민의 소망을 반영한 것도 사실이야. 그 결과는 100만 표차의 압승으로 나타났지.

그런데 지금도 이런 국토 건설 공약이 낯설지가 않지? 4대강 사업, 경인 운하 등 2007년 제17대 대통령 선거에서 이명박 후보가 내걸었던 공약이야. 딱 20년 뒤에 박정희식 공약이 다시 등장한 거야.

선거와 고속도로

고속도로 건설은 1967년에 시작된 제2차 경제개발 5개년 계획의 중점 사업 가운데 하나였어. 1968년 서울과 인천을 잇는 24km의 경인고속도로가 개통되면서 본격적으로 시작됐단다. 그 뒤 전국의 일일생활권을 목표로 고속도로 건설에 박차를 가했어. 1970년 6월 28일에 서울과 부산을 연결하는 경부고속도로가 개통됐어.

경부고속도로의 건설에 앞서 고속도로 진입로의 역할을 담당할 제3한강교 건설에 착수했어. 제3한강교는 한강에 세워진 네 번째 다리로 1966년에 공사가 시작되어 1969년에 완공됐어. 지금은 한남대교라고 하지. 영동고속도로는 1975년에, 호남고속도로는 1978년에 건설됐단다.

대국토 건설 계획으로 유일하게 완공된 것은 고속도로야. 그리고 이것은 국민들에게 경제 성장의 성과를 눈으로 확인시켜 주는 상징이 됐어.

「팔도강산」은 대국민 홍보 영화인가?

공화당의 선거 구호는 "틀림없다 공화당, 황소 힘이 제일이다!"였어. 신민당은 "부익부가 근대화냐, 썩은 정치 뿌리 뽑자!", "지난 농사 망친 황소 올봄에는 갈아 치자!", "박정해서 못 살겠다 윤택하게 살 길 찾자!"를 구호로 내걸었어.

신민당은 민요조의 선거 가요를 만들어 유세가 시작되기에 앞서 "민주 정치 한다더니 정보 정치 웬말인가. 한일 협정 했다더니 황금 어장 팔았구나. 월남 전쟁 청부해서 귀한 목숨 앗아간다. 3000억 원 부채 지고 몇 푼어치 건설했나. 예산 없는 선거 공사 허튼수작하지 마라. 비료 값에 농우 팔고 농자금에 땅 팔았네. 쌀값 싸서 농민 울고 세금 비싸 서민 우네. 지난 농사 망친 황소 올봄에는 갈아내자. 5·16에 가로챈 것 5·3에는 도로 찾자. 3000만이 한데 뭉쳐 다 같이 3번 찍고"라는 내용의 노래를 했대. 그러나 신민당의 선거 운동은 자금과 운동 방식에서 공화당의 선거 운동을 따라가지 못했단다.

공화당과 박정희의 최대 이슈는 경제 개발이었어. 제1차 경제 개발

<그림 39> <그림39-1> 수출을 강조하는 국영 기업 등의 5단 광고

정책을 여러 방식으로 선전했지.

그중 하나는 기업 광고였어. 국영 기업체, 정부 지불 차관 업체, 일반 기업체는 신문 1면에 4, 5단의 큼직한 실적 광고를 매일 냈는데 모두 경제 발전에 이바지했다는 내용이야. 신민당은 "대통령 선거 공고 전후를 통해 어쩌면 이들 국영 기업체나 행정 관서 등이 무슨 논의라도 한 것처럼 연일 도하 신문 광고란을 독점이라도 한 듯 광고 붐을 일으키고 있다"며 "이들 광고가 선거와 관련된 듯한 냄새를 물씬 풍기고 있다"며 문제를 제기했어. 그리고 〈그림 39〉와 〈그림 39-1〉은 제1차 5

개년 계획의 핵심이라는 내용의 대한석유공사 광고(〈동아일보〉 4월 10일)와 '수출 산업을 약속하는 내일의 기업체'라는 제목과 수출 실적을 도표로 표시한 천우사 광고(〈동아일보〉 4월 11일)야.

이에 신민당은 4월 10일 "각 신문 광고란에 정부 산하의 국영 기업체가 막대한 비용의 광고를 게재하고 있음은 국비의 낭비이며 불법적인 선거 운동"이라며 중단하라고 요구했어.

또 다른 선전 방식은 대중 매체인 영화였어. 1960년 3월 15일 실시한 제4대 대통령 때도 「독립협회와 이승만」이라는 영화를 전국으로 상영해서 말썽이 된 적이 있었거든. 이번에는 「팔도강산」이라는 영화였어.

<그림 40> 팔도강산 영화 포스터

팔도강산은 결혼한 6명의 딸네 집을 순방하는 노부부의 눈을 통해 팔도강산에 펼쳐진 명승지와 고적을 두루 구경시키는 일종의 관광 영화야. 그러나 이 영화는 명승지나 고적을 소개하는데 그치지 않고 울산 공업센터, 충주 비료공장, 춘천 댐 등 정부의 제1차 5개년 사업까지 덤으로 구경시켜 줬어. 이것이 말썽의 불씨가 된 거야. 신민당은 이 영화는 정부의 업적을 과장, 미화해서 공화당을 지지케 하려는 불법 선거 운동이라며 「팔도강산」의 상영 중지를 중앙선관위에 요청했단다.

중앙선관위는 선거법에 위반되지 않는다고 결론 내렸고 공보처도 「팔도강산」 상영을 중지시키지 않았어. 「팔도강산」의 내용과 상영이 선거법에 위반되지 않더라도 전국적으로 할인권을 배포해서 정부 업적을 선전하는 영화를 관람시킨 데에는 문제가 있었어.

지역주의 바람이 시작되다

〈표 31〉은 제6대 대통령 선거 결과야. 제5대 대통령 선거 결과와 많이 비교되네. 1963년에는 선거 사상 가장 표차가 적은 15만 표였는데 1967년 선거는 무려 100만 표가 넘는 차이가 났어. 완전히 박정희의 승리였지. 이를 두고 미국의 신문들은 제6대 대통령 선거는 20년 동안 한국 선거 가운데 가장 평온하고 질서 있는 선거라며 다음과 같이 평가했단다.

> 한국민은, 첫째 조국 근대화 작업의 계속적인 촉진을 승인했다. 둘째 정부의 월남 파병 정책 및 한국의 국제 진출 정책을 명확히 승인했다. 셋째 한미 유대를 계속 강화하고 한일 관계를 더욱 발전시킬 것을 승인했다.(〈동아일보〉, 1967년 5월 5일)

한국 언론도 1967년 5·3 선거는 3년여 동안 박정희 정부의 시책으로 나타난 경제적 요인이 승패를 가름했고, 그 결과 지역별 지지 경향

<표 31> 제6대 대통령 선거 결과

시 도	윤보선		박정희	
	득표수	비율(%)	득표수	비율(%)
서울	675,716	51.3	595,513	45.2
부산	164,077	31.2	338,135	64.2
경기	674,964	52.6	525,676	41.0
강원	349,807	41.7	429,589	51.3
충북	252,469	43.6	269,830	46.6
충남	505,076	46.8	489,516	45.4
전북	451,611	48.7	392,037	42.3
전남	683,622	46.6	652,847	44.6
경북	447,082	26.4	1,083,939	64.0
경남	281,545	23.0	838,426	68.6
제주	41,572	32.1	73,158	56.5
총계	4,526,541	40.9	5,688,666	51.4

참조 : 중앙선거관리위원회, 『대한민국 선거사』 제1집, 758쪽

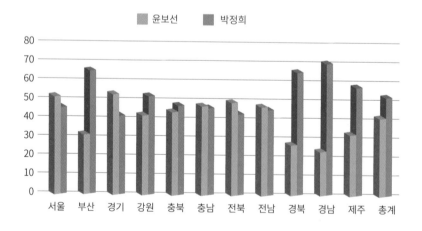

은 이른바 남북에서 동서로 바뀌었다고 평가했어.

1963년 제5대 대통령 선거의 남북 현상은 추풍령을 분계점으로 하여 남쪽의 부산, 경남·경북, 전남·전북, 제주의 6개 시·도에서 박정희가 이기고 북쪽인 서울, 경기, 강원, 충남·충북의 5개 시·도에서 윤보선이 우세했잖아. 1967년 제6대 대통령 선거는 박정희가 부산과 경남·경북에서 크게 이기고 강원, 충북 두 도에서 역전승해서 대체로 한반도를 동서로 양분하는 모양세였어.

부산과 경남·경북에선 득표 비율이 평균 2 대 1 내지 3대 1에 달해 박정희의 압도적 승리였던 거야. 언론은 이에 대해 이렇게 평가했네.

경상도에서의 박정희의 압승은 전근대적 요인이라 할 수 있는 지연의 힘 즉 고향 사람인 박정희를 찍자는 동향 의식에 크게 힘입은 것으로 풀이될 수 있겠는데 이러한 현상은 일부에서 말하듯 박 정권은 경상도 정권이라는 인상을 풍기게 하는 요인이 될 수 있다.

표의 동서 현상을 초래한 밑바닥의 가장 큰 요인의 하나는 (…) 부산과 경남북 및 강원도 등 광공업과 대기업 발달의 요소를 비교적 많이 갖춘 동부 지역에 있어선 공업 입국론으로 설명되듯 중공업 정책에 의해 비교적 큰 혜택을 받았기 때문에 박정희에 대한 지지가 큰 것으로 나타났으며 경기·충남·전남북 등보다 농산 지대라 일컬어지는 서부 지역 특히 중소기업이 집결해 있는 경기 지방 등은 그 반대 결과로 비교적 큰 혜택을 받지 못한 채 소외됐기 때문에 박 후보에 대한 지지가 상대적으로 적었던 것이라는 풀이다. (〈동아일보〉, 1967년 5월 5일)

경제 개발과 박정희 정권

군사정부는 제2공화국 장면 정부가 세운 계획을 토대로 경제 개발을 서둘러 추진했어. 외국 자본을 도입하기 위해 일본과 국교 정상화를 하고, 베트남 전쟁에 참전했어. 미국의 요청에 따라 1965년부터 1973년까지 전투 부대를 파견했지. 국민의 반대를 무릅쓰고 파병의 대가로 경제 개발에 필요한 기술과 차관을 들여오고, 파병된 군인들의 송금과 군수품 수출, 베트남 건설 사업 참여를 약속받았어.

박정희 정부는 이렇게 끌어들인 외국 자본과 국내의 값싼 노동력을 바탕으로 소비재 수출 산업에 중점적으로 투자하는 수출 중심의 경제 정책을 펼쳤단다. "수출만이 살길이다"라는 구호에서 알 수 있듯이, 수출은 한국 경제가 발전할 수 있는 유일한 통로로 여겨졌어.

1962년에 시작된 제1차 경제개발 5개년 계획에서는 섬유, 식료품, 의료, 장신구 따위의 수입 대체 산업에 중점을 두었어. 이와 함께 정유, 비료, 시멘트, 전기 기기 따위의 산업도 육성했고 전력, 운수, 항만 시설이 개선됐어. 그리고 고속 국도가 건설되기 시작했단다.

1967년부터 시작된 제2차 경제개발 5개년 계획에서도 경공업 중심의 수출 주도형 공업화 정책을 추진했어. 이 시기에는 기초 산업의 개발과 철강, 화학 및 기계 공업의 육성에도 관심을 기울이기 시작했단다.

그러나 한국의 경제는 더욱 외국에 의존하게 됐지. 수출용 물건을 만들기 위한 원자재나 시설용 기계의 수입으로 무역 적자는 오히려 커졌으며 곡물 수입액은 7배로 늘어났어. 저축률은 증가했으나 필요한 자본에 미치지 못해 외국 자본을 더 많이 도입했단다. 따라서 외채도 급속하게 늘어난 거야. 높은 성장을 계속하던 한국 경제는 1960년대 말 위기를 맞이했어. 국제 경기의 악화로 경공업 제품의 수출이 부진에 빠졌으며, 외국 차관을 갚아야 하는 시기가 다가옴에 따라 원금과 이자 상환의 부담이 커졌단다. 이에 정부는 기업의 빚을 대폭 줄이고 갚는 시기를 늦추어 주는 특혜 조치를 취했단다(1972년 8·3 조치). 원리금 부담을 낮추기 위해 마산, 이리 등지에 자유 무역 지역을 만들어 외국 자본을 직접 끌어들이는 방향으로 정책을 바꾸었어.

1972년에 시작된 제3차 경제개발 5개년 계획에서는 세제 금융 지원 등을 통한 수출 주도형 중화학 공업화를 추진했어. 1973년 연두 기자 회견에서 박정희는 "이제부터 정부는 중화학 공업 정책을 육성한다"고 선언했어. 이 정책은 1977년에 시작된 제4차 경제개발 5개년 계획에서도 계속됐어. 이에 따라 철강, 비철 금속, 조선, 기계, 전자, 석유, 화학 따위가 집중 육성되기 시작해 30여 년 동안 경제의 원동력이 됐어.

4차에 걸친 경제개발 5개년 계획의 계속적인 추진으로 경제는 고도 성장과 수출 증대를 이룩해 국민들의 생활 수준은 크게 향상됐어. 아시아의 신흥 공업국으로 떠올랐고 '한강의 기적'이라는 찬사도 받았단다. 〈표 32〉에 따르면, 이 기간 연간 경제 성장률은 두 자릿수에 가까웠으며, 수출은 20배 이상 늘어났어. 그러나 중화학 공업 중복 투자는 경제난을 가중시켰고 경제 성장률은 1980년에 마이너스 1.7%를 기록했어. 또한 박정희 정권의 과도한 수출 의존 정책은 내수 관련 경제 발전을 경시했고, 불균형 발전을 가져왔단다.

〈표 32〉 경제 성장률(%)

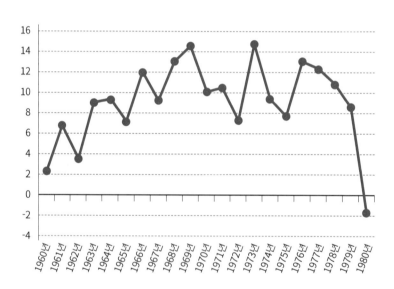

7장

제7대 대통령 선거

—

1971년,
변화의 바람이
불다

삭제된
대통령 연임 조항

제6대 대통령 선거 뒤 제7대 국회의원 선거가 1967년 6월 8일에 실시
됐어. 선거 결과는 대통령 선거와 마찬가지로 공화당의 압승이었어.
그러나 당시 선거는 이전과 비교할 수 없을 정도로 부정과 불법이 판쳤
대. 박정희 정부가 수단과 방법을 가리지 않고 의석 확보에 집중한 까
닭은 3선 개헌 때문이야. 1963년 개정된 헌법에 의하면 대통령은 두
번까지만 할 수 있었거든. 그런데 박정희는 재선되자마자 3선을 하고
싶어 했어. 헌법을 고쳐야 했지. 그러려면 국회의원 3분의 2 이상의 지
지를 얻고 국민투표를 해야 했어. 공화당은 전체 175석 중 개헌 가능
의석인 117석 이상을 얻어야 했던 거야.

　박정희 정부는 대통령과 국무총리 등 국무위원이 선거 운동을 할 수
있도록 선거법까지 바꾸려고 했어. 공무원을 이용해 부정 선거를 했던
1960년 대통령 선거 기억나? 중앙선관위는 공무원의 중립을 규정한
헌법에 위배된다고 했지. 대신에 대통령은 당 총재 자격으로 유세할
수 있다고 했단다. 그래서 박정희는 공화당 후보를 지지해 달라는 선

<표 33> 1967년 제7대 국회의원 선거 결과(의석 수)

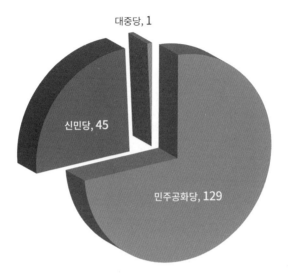

대중당, 1

신민당, 45

민주공화당, 129

참조 : 중앙선거관리위원회, 『대한민국 선거사』 제1집, 704쪽

거 운동을 했대.

그 결과는 〈표 33〉과 같아. 공화당은 개헌선인 117석을 훌쩍 넘어선 129석을 차지했어. 신민당은 6·8 선거를 최악의 부정, 타락 선거로 규정하면서 국회 출석을 거부했단다. 그래서 6개월 동안 국회가 멈추는 일도 생겼어.

1969년 9월 14일 새벽 2시, 공화당은 제3별관에서 신민당 몰래 만장일치로 개헌안을 통과시켰어. 그때 신민당 의원들은 국회 본회의장에서 농성하고 있었고. 통과된 개헌안은 대통령의 연임 조항을 삭제하고, 대통령 탄핵 발의에 필요한 의원 수는 30인에서 50인으로, 탄핵 통과

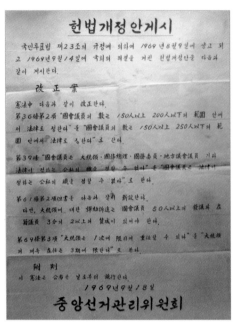
<그림41> 3선 개헌 헌법개정안 게시물

에 필요한 의원 수는 과반수에서 3분의 2로 늘렸으며 국회의원이 장관
과 차관을 겸직할 수 있도록 했으며 국회의원의 최대 정수를 200인에서
250인으로 늘렸어.

이 개헌안에 대한 국민투표는 1969년 10월 17일 실시됐어. 〈표 34〉

<표 34> 개헌안 국민투표 결과(1969. 10. 17)

투표인 수	투표수	찬성 수	기권 수
15,048,925	11,604,038	7,553,655	3,444,887
	77.1%	65.1%	

참조 : 중앙선거관리위원회, 『대한민국 선거사』 제1집, 771쪽

<그림 42> 민주공화당 전당 대회

에 따르면, 투표율 77.1%에 찬성 65.1%로 통과됐단다. 그런데 65.1%
의 찬성률은 역대 국민투표 가운데 가장 낮았대. 이렇게 해서 새롭게
바뀐 헌법에 의해 1971년 제7대 대통령 선거가 시작됐어.

　공화당은 이미 대통령 후보가 정해져 있었기에 선거를 조용하게 치
르려 했는데 신민당은 그럴 수 없었지. 신민당의 대통령 후보는 당시
총재인 유진오가 유력했어. 그런데 선거전이 시작되자 입원 중인 유진
오를 겨냥해 원내 총무였던 김영삼(43세)이 '40대 기수론'을 내세우며
후보 지명 선거에 출마한다고 선언했어. 뒤이어 김대중(44세), 이철승
(47세)도 후보자로 나서겠다고 밝혔단다.

40대 후보들의 출현은 신민당 노장과 보수파 의원들의 반발을 샀지만 국민들의 호감을 샀지. 결국 1970년 1월에 열린 당 대회에서 총재인 유진오가 건강상 이유로 사직하고 부총재인 유진산이 총재에 오르고, 대통령 후보 지명 선거에는 앞의 40대 의원 세 명이 경합했단다.

신민당은 1970년 9월 전당 대회를 열어 김대중을 후보로 지명했어. 이날 선거는 두 차례에 걸쳐 진행됐대. 유진산 당수의 후보 추천을 받은 김영삼과 이에 맞선 김대중의 표 대결로 압축됐어. 1차 투표에서 과반수 득표자가 없어 2차 투표에 들어가 김대중이 과반을 넘는 458표를 얻어 대통령 후보로 선출됐어. 김영삼은 410표를 얻었어.

이렇게 해서 7대 대통령 선거 입후보자는 공화당 박정희, 신민당 김대중, 국민당 박기출, 민중당 성보경, 자민당 이종윤, 정의당 진복기, 통일사회당 김철이었어. 나중에 김철과 성보경은 후보를 사퇴하지.

김대중의 선거 바람

1971년 대통령 선거는 공화당 입장에서는 박정희에 대한 재신임을 묻는 요식 행위나 다름없었어. 그래서 공화당과 박정희는 선거를 조용하게 치르길 원했어. 반면, 신민당은 최초로 자유 경선을 통해 대통령 후보를 뽑았어. 이는 국민적 관심을 일으켰지. 그런데 자유 경선보다 사람들의 관심을 이끈 것은 김대중의 선거 공약과 연설이었대.

1971년 1월 23일에 신민당의 김대중 후보는 연두 기자 회견을 열었어. 여기에서 1971년 대통령 선거의 주요한 논쟁점인 총통제 음모의 분쇄. 민족 안보의 전개, 예비군의 완전 폐지, 대중경제의 실현, 농업 혁명의 추진, 부유세 신설, 전태일 정신의 구현 따위를 제시했단다. 이에 대해 민주공화당은 김대중의 시국관이 의심스럽고, 폭력 유혈 사태를 선동한다고 했지. 여하튼 김대중은 크게 향토 예비군의 폐지와 통일 논쟁, 총통제 식의 영구 집권 저지, 대중경제에 의한 부정 척결을 제안했어. 이를 좀 더 자세하게 알아보자.

<그림 43> 박정희 정치 광고

<그림 44> 김대중 정치 광고

첫째, 향토 예비군의 폐지와 통일 논쟁

김대중은 4월 11일 부산 선거 연설에서 향토 예비군은 국가 안보가 아니라 박정희 독재 정치의 필요를 위한 것이라며 향토 예비군의 무용론을 아래와 같이 주장했단다.

박정권은 향토 예비군 폐지에 반대하고 향토 예비군이 없으면 국가 안보도

안 된다고 말하지만 이는 새빨간 거짓말입니다. 향토 예비군과 대학 교련 은 국방을 위해 필요한 것이 아니라 박정권이 독재 정치를 해 가는데 청년 과 학생들을 군사적으로 묶기 위해 필요한 것입니다.

향토 예비군의 군복 한 벌에 1000원으로 잡아 250만 명이면 옷값만 25억 원 이며 하루 동원 200원이 손해라면 한 해에 183억 원의 생업 지장을 받게 됩 니다. 또 시골에서는 향토 예비군은 지서 순경이 숙직실에서 잠자는데 보 초나 서주고(옳소 박수) 지서 주임 집에 나무를 해 주고 있지 않습니까. 서울 같은 데서는 한 달에 5000원만 주면 전부 나왔다고 도장을 찍어주고(옳소) 있지 않습니까. 이같이 부패한 채 250만이 아니라 2500만이 있어도 국방에 도움이 안 됩니다. (…) 내가 집권하면 이중 병역 의무이며 경찰의 예속물이 되어 정치적으로 악용되며 부패의 근원이 되는 향토 예비군을 아무 조건 없 이 전면적으로 폐지할 것을 공약합니다.(〈동아일보〉, 1971년 4월 12일)

그리고 4대국 보장에 의한 한반도의 긴장 완화와 통일 전망을 자 세하게 제기했단다. 1971년 2월, 기자 회견에서 김대중은 이렇게 말 했어.

본인이 집권하면 김일성에게 우리끼리 전쟁을 하지 말자는 것을 제의하는 것은 물론 이들 4대국도 한반도에서 전쟁을 하지 않겠다는 보장을 하도록 하겠다. 본인이 집권해도 당장 통일이 이루어지라고 하기는 어렵다. 그러 나 통일을 향한 터전을 다져야 한다. 그 노력으로 다음 3단계를 생각한다. 첫째, 먼저 남북이 서로 전쟁을 사태 해결의 수단으로 삼지 않기로 하고 서로 파괴 공작을 않는다. 이런 무력의 포기를 안전하고 영구한 것으로 보장한다.

둘째, 그렇게 되면 기자 교환, 서신 교환, 운동선수 교환 그리고 라디오와 TV 등 상호 청취 허용 등 비정치적인 접촉을 한다.

셋째, 그다음 경제적 나아가 정치적 접촉을 하고 끝내 통일을 기한다.(〈동아일보〉, 1971년 2월 4일)

김대중의 제안은 박정희가 내놓은 8·15 선언보다 앞서 나간 것으로, 북한에 대해 포용적인 자세를 보였어. 8·15 선언은 "① 북한 측이 무력 도발에 의한 공산화 야망을 버리는 것을 조건으로, 남북의 인위적인 장벽을 단계적으로 제거한다. ② 북한이 국제 연합의 권위와 권능을 인정하면 국제 연합에서 동석하는 것을 반대하지 않는다. ③ 북한은 한국과 선의의 경쟁을 해야 한다"는 내용이야. 김대중은 그간 제시된 대북 정책에 비해 상당히 유연한 자세를 보였어. 그 실현 가능성 여부와는 별개로 국민의 관심을 끌었단다.

김대중의 제안에 대해 박정희는 4월 11일 대전 유세에서 "정신 못 차리면 6·25 재판"이라 주장했어.

최근 야당이 발표한 집권 공약을 보았는데 큰일 날 소리가 나와 있어요. 국가 운명을 4대국 보장에 맡기느니 예비군을 무조건 폐지하겠다느니 남북 교류를 당장 시작하겠다느니 하는 공약을 보고 아직도 정신을 못 차리고 있구나 하는 생각을 했습니다. (…) 우리가 (…) 어려운 고비를 넘기는 길은 오직 국력 배양뿐이다 이겁니다. 국력은 뭐냐. 그것은 한마디로 국방력 경제력을 합쳐 강한 국군을 만들고 예비군을 강화하여 유사시에 동원할 수 있는 태세를 갖추는 것입니다. (…) 여러분 야당의 집권 공약을 보십시오. 내가 볼 때 그것은 정책이 아니고 선거 때 내놓은 사탕발림이고 인기 전술이며 무책임한 발언에 불과해요. 이런 사람들에게 정권을 맡길 수 있습니까.(〈동아일보〉, 1971년 4월 12일)

4월 17일 유세에서 박정희는 "무책임한 발언을 일삼는 것은 선거 때라도 용납할 수 없다"고 했고, 4월 20일 수원 유세에서는 "지금 북괴가 이용하려는 대상은 바로 몰지각하고 무정견한 일부 야당 정치인들이며 그들을 이용하는 방법은 바로 무력 남침의 야욕을 은폐하는 남북 교류론이요, 거짓 평화통일안이다"라고 비난했어.

박정희가 신민당의 안보론을 계속 문제 삼자 김대중은 이 문제를 둘러싸고 공동 토론을 벌이자고 했지. 물론 공동 토론회는 열리지 않았어. 그 대신 박정희의 안보론을 강화시켜 주는 사건들이 계속 일어났단다.

육군보안사령부는 4월 20일에 선거 기간을 틈타 정부를 전복시키려고 활동했다며 대학생 4명(강장운 22세 고려대 이공대 물리과 3학년, 서승 27세 서울대 대학원 2학년, 서준식 24세 서울대 법대 3년, 강석만 24세 고려대 정경대 4학년)과 간첩 관련자 11명을 잡았다고 발표했어. 중앙정보부도 4월 23일에 선거 기간 민중 봉기를 선동한 간첩 13명을 잡았다고 발표했단다. 4월 26일 국방부는 만약의 사태에 대비한 조치라며 모든 군에 특별 비상 경계령을 내렸어. 이런 식으로 불안을 조성하면서 박정희의 안보와 통일 논의를 지원한 거야. 그 결과 민주주의의 원칙인 다양한 의견 교환이 움츠러들었단다.

둘째, 영구 집권 반대

김대중은 연두 기자 회견 자리에서 총통제 음모의 분쇄를 주장했어. 그는 이번에 정권 교체가 이루어지지 않는다면 현 정권은 임기 동안에 선거를 없애고 영구 집권의 총통제 체제를 구축할 거로 예견했단다.

그리고 김대중은 박정희 대통령에게 3선 출마를 포기하라고 하지. 공화당은 망발이라고 했지만 김대중은 3선 개헌의 부당성을 알렸단다. 3월 2일 기자 회견에서 또다시 "이번 선거는 단순한 정당 간의 집권 경쟁이 아니라 3선 개헌 반대 제2단계 투쟁이요 한 사람의 총통제적 영구 집권 획책에 대한 국민적 반대 투쟁이다. 그러므로 이번 선거는 어떤 일이 있더라도 박정희 대통령 당선을 저지해야만 민주 헌법은 소생의 기회를 얻게 된다"라며 3선 개헌 문제를 제기했단다.

그러자 공화당 의장 서리는 "대통령의 계속 재임은 3기에 한한다는 헌법 제69조 3항 규정에 따라 박정희 대통령은 이번 대통령 선거에 한해서 출마할 수 있다"고 말했어. 그런데 그 말은 곧 다음번 선거 즉, 1975년에는 출마가 불가능하다는 거였어.

박정희는 유권자들에게 자립과 번영과 영광의 1970년대를 안겨 주겠다고 약속했지. 그 구체적 방법은 3차 5개년 계획인데 완성되면 경공업 시대에서 중공업 시대로 옮겨 가고, 초가집은 없어지고 식량은 자급자족할 거라 했어. 실업자도 없어지고 근로자 봉급 수준도 높아지며 사회보장도 향상될 것이라고 말했지.

셋째 부정부패 추방

김대중은 부정부패 추방을 과제로 내세우고 박정희 정권의 부정부패의 사례로 5·16 장학회와 고위 공무원의 부패를 제기했어.

> 5·16 장학회는 재산이 500억에 이르고 있습니다. 이 재산은 장학회라는 이름으로 면세 등의 특전을 받고 있는데 5·16 장학회가 장학에 쓰는 돈은 71년도에 2400만 원에 불과합니다. 5·16 장학회의 실제 소유자는 모든 사람들이 박 대통령일 것이라고 생각하고 있습니다. 박 대통령의 손으로는 부패를 숙청 못 하고 부패를 숙청하기 위해서는 그의 3선을 저지하는 길 이외에는 없습니다. 지금 이 나라에는 부패만이 중단 없이 전진하고 있으며 박정희 씨가 물러가야 부패의 중단은 이루어지는 것입니다. (〈동아일보〉, 1971년 4월 12일)

부정부패 추방법을 만들고 적발 위원회를 두어 부정부패에 대한 책임을 대통령이 지키겠다고 약속했지. 소유 재산을 국민 앞에 공개 등록하고 증가분을 공개하며 사회에 기부하겠다고 약속했단다. 이런 참신한 공약은 새로운 바람을 일으켰어.

박정희는 투표 전날 마지막 서울 유세에서 "분명히 말하거니와 여러분에게 '대통령으로 한 번 더 뽑아 주십시오.' 하는 것은 이번이 마지막이라는 것을 확실히 밝혀둔다"고 말했단다. 그리고 신문 광고를 통해 한 가장의 심정이라며 박정희 후보의 방송 연설문을 내보냈어.

나에게 마지막 기회가 될 이번 선거에서 국민 여러분들이 다시 한 번 나를 신임해 주신다면 나는 앞으로 4년의 임기 동안 1차적으로는 나에게 부과된 제3차 5개년 계획이라는 국가 목표 달성의 사명을 다하여 국민이 보다 잘 살 수 있게 할 것이며 또 한편으로는 보다 대국적인 '중단 없는 전진'을 위하여 정치적으로 나는 여당에 대해서는 정권을 계승할 유능한 후계 인물을 육성하는 데 힘쓸 것이며 또 야당에 대해서는 정권 인수의 태도를 갖출 수 있도록 온갖 협력과 지원을 다 할 것입니다. (〈경향신문〉, 1971년 4월 26일)

박정희는 1967년 제6대 대통령 선거 전날에는 국토 개발 계획을 내놓은 반면 1971년 제7대 대통령 선거 전날에는 "이번이 마지막"이라고 호소했어.

'사랑방'과 '광장'의 대결

1971년 4월 17일, 박정희의 대구 유세와 김대중의 서울 유세에서 각각 20~30만 명의 '매머드급' 청중이 모였다며 언론들은 선거 분위기를 전했어. 1971년 대통령 선거가 대중의 관심을 불러일으킬 기미는 이미 전 해부터 보였어. 1970년 10월 25일 부산에서 열린 김대중의 강연회에 모인 군중 수를 〈동아일보〉는 5만으로 보도했지만, 미국 대사관은 7만 5000~10만 명 정도로 추산했어. 김대중은 1970년 10월 24일부터 11월 22일까지 도청 소재지 중심으로 32회에 달하는 대중 집회를 열었어.

김대중과 신민당은 35일의 공식 선거 운동 기간 무려 200회가 넘는 유세 집회를 했다는구나. 하루 평균 3~4회, 많게는 5~6회 유세를 한 셈이야. 강행군 유세는 유권자들에게 김대중에 대한 이미지를 새롭게 심었대. 1971년 4월 18일, 서울 유세에는 50만 명 정도의 군중이 집결했고, 4000여 명이 행진하며 시위를 벌이기도 했어.

공화당은 "기적 이룬 박 대통령 다시 뽑아 번영하자!", "전진했다 60

년대, 중단 말자 70년대!"로, 신민당은 "10년 세도 썩은 정치, 못 살겠다 갈아 치자!"로 선거 구호를 확정했어.

신민당은 유세 전부터 청년당원들이 자동차 행진을 벌여 시민들이 관심을 갖게 해 유세장으로 모이게 했대. 유세장에 도착하면 청년기동대 111명이 신민당 깃발을 상징하는 빨간, 파란, 흰색의 삼색 모자를 벗었다 썼다 하며 한 줄씩 번갈아 일어나서 "뭉치자 나아가자 이기자"라는 구호를 외쳤고, '대중의 노래'나 유행가 '대머리 총각'에 맞춰 '미남 대통령 후보'를 불렀대.

"대중아 대중아 어디로 가느냐. 꾸역꾸역 모여서 어디로 가느냐. 대중 대중 김대중 찍고서 올 테야"– 동요 「산토끼」에 곡을 맞춘 「대중의 노래」

"신민당 강연장에 김대중 후보 오늘도 만나려나 기다려지네. 미남인 그 얼굴에 연설도 잘해. 행여나 나를 보나 발돋음했지. 신민당 강연장에 김대중 후보 이번에 2번 찍어 승리하겠네. 이번에 2번 찍어 승리하겠네"– 미남 대통령 후보

공화당은 대규모 대중 동원이 아니라 우세한 조직력을 이용했어. 연설회를 알리는 「민주공화보」를 집집마다 돌렸고, '사랑방 좌담회'를 통해 조용하게 이웃을 설득하는 방식으로 유권자들을 한 명씩 접촉해 가면서 표를 다지는 선거 운동을 했지. 사랑방 좌담회에서는 빵, 사이다 따위의 먹거리가 제공됐고 주로 지역 현안과 선거구 주민의 일상생

활 관련 문제들이 거론됐대. 이와 함께 여당 인사 또는 그 지지자들 중심으로 각 동네와 마을별로 마을문고 만들기 운동, 장학회 설치 운동, 문패 달기 운동 따위로 다양한 생활 개선 운동이 전개됐단다. 여당의 선거 운동은 지역 유지와 각종 행정 조직의 협조 아래 진행됐지. 언론도 이 사실을 알고 있었단다.

이번 선거는 표면상으로는 조용하다. 그러나 한 꺼풀을 벗겨 보면 여러 지방에서 행정기관에 의한 침투 작전이 조용히 진행되고 있다.

A군의 경우 예년에는 여름에만 실시하던 공무원들의 휴가를 선거 때문에 앞당겨 지난 3월 25일부터 하루 5~7명씩 휴가를 주어 연고지를 방문토록 한 것이다. (…) 대체로 한 면에 3, 400명의 유지, 동반장, 독농가 등 소위 오피니온 리더들이 참석한 이 자리에서는 점심이 나오고 때로는 막걸릿잔을 나누기도 했는데 이 자리에선 빠짐없이 정부 업적을 선전하는 「번영의 메아리」 등의 선전 영화가 상영된다는 것.(〈동아일보〉, 1971년 4월 16일)

어머니회가 이웃 돕기를 하는 데는 역시 물건이 필요한 모양. 그래서 요즈음은 의약품을 무료로 배부하여 여성 유권자의 환심을 노리고 있다. 약품은 감기약, 소화약에서 드링크유에 이르고 있는데 벌써 경북 관내에서만 수백만 원어치가 어머니회를 통해 각 동네에 무료 지급되고 있다는 얘기다.(〈동아일보〉, 1971년 4월 17일)

당시 여당과 야당은 유권자들의 마음을 끌기 위해 은근히 지역감정을 자극했어. 영남에선 "우리 대통령 아이가"라는가 하면 호남에선 "푸대접의 한을 씻어 보자"는 얘기들이 나왔다고 해.

당시 선거와 관련해서 영화 이야기를 하나 해야겠는데, 이번에도 「팔도강산」이야. 선거를 눈앞에 두고 「팔도강산」 속편이 상영됐기 때문이지.

지역주의의 블랙홀에 빠지다

제7대 대통령 선거 결과는 박정희가 53.2%를, 김대중이 45.3%를 얻었어. 박정희의 승리에 대해 미국 언론 〈워싱턴 포스트〉는 선거 전날 박정희가 말한 "1975년에는 다시 출마하지 않겠다는 선거 전일의 공언이 있은 후 신임을 묻는 중요한 선거에서 28일 압도적인 3선을 쟁취하게 된 것이다"라고 분석했고, 〈뉴욕 타임스〉도 계속적인 경제 성장 주장과 4선 불출마를 약속한 박정희의 발표도 한몫했다고 평가했어. 선거 전날 발표했기에 김대중은 효과적으로 대처할 기회가 없었고, 부정부패에 대한 공격에 박정희를 포함시키지 못한 것도 패배 요인으로 파악했어. 여하튼 한 번만 더 하고 물러나겠다는 박정희의 호소에 유동 표가 움직였다는 것만은 확실한 것 같아.

일부 유권자들이 장기 집권과 부정부패 문제에 대한 공화당의 명확한 태도를 바라고 있음을 눈치챈 박 대통령이 부산과 서울에서 "이번이 마지막 기회"라고 선언한 것과 "앞으로 후계자 육성에 힘쓰겠다. 부정부패를 뿌리

뽑고야 말겠다"고 한 발언이 대도시에서 상당한 효과를 거두었다고 결론
을 내렸다. 특히 서울, 충남·충북, 영남 지방에서 큰 영향을 미쳤다고 조사
에서 밝혀졌다.(〈경향신문〉, 1971년 4월 29일)

<표 35> 제7대 대통령 선거 결과

시 도	박정희		김대중	
	득표수	비율(%)	득표수	비율(%)
서울	805,772	40.0	1,198,018	59.4
부산	385,999	55.7	302,452	43.6
경기	687,985	48.9	696,582	49.5
강원	502,722	59.8	325,556	38.8
충북	312,744	57.3	222,106	40.7
충남	556,632	53.5	461,978	44.4
전북	308,850	35.5	535,519	61.5
전남	479,737	34.4	874,974	62.8
경북	1,333,051	75.6	411,116	23.3
경남	89,119	73.4	310,595	25.6
제주	78,217	56.9	57,004	41.4
총계	6,342,828	53.2	5,395,900	45.3

참조 : 중앙선거관리위원회, 『대한민국 선거사』 제1집, 758쪽

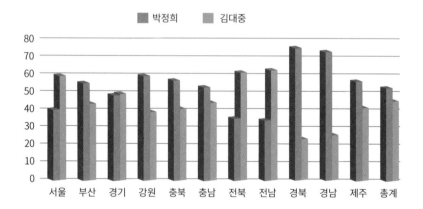

이 선거에서 가장 주목할 점은 지역주의야. 1971년 대통령 선거에서의 지역별 지지율을 보면, 서울, 부산 등 대도시에서 박정희에 대한 지지율이 크게 내려갔어. 여촌야도의 투표 행태보다는 후보자의 연고 지역에서 지지가 집중되는 지역주의 투표 행태가 나타났어.

지역주의가 정책이나 이념 그리고 민주 사회로 가는 방향보다 앞섰지. 그래서 1950년대 이승만보다 조봉암을 지지했던 지역이 지역 선거라는 블랙홀로 빠져들게 됐어.

대통령 선거가 끝난 직후 신민당은 1971년 5월 1일 '소리 없는 암살 선거'라는 유인물을 뿌렸어.

이번 선거는 완전 범죄의 선거였으며 전 국력을 동원해 한 개 야당을 때려 잡은 소리 없는 암살 선거였고 너무 기술적으로 자행되었기 때문에 국민이 부정을 당하고도 아직 그 전모를 모르고 있을 것이므로 이를 밝힌다.

공무원 40만과 국영 기업체 종업원, 통반장 등 100만 명이 넘는 불법 선거 운동원이 한 사람 앞에 한 표만 찍었어도 100만 표가 되며 올 예산에 이례적으로 늘린 지방 교부세 1000억 원 등 정부 예산을 불법 운동에 사용됐다. 300억 원이 넘는 선거 자금과 밀가루·고무신 등으로 전면적인 매표를 자행했고 친야 유권자를 매 투표구 당 100명씩 탈락시켜 100만 명의 투표권을 박탈했으며 주민증 매수 등으로 강제 기권시킨 것이 50만 표에 달했다. (…) (〈동아일보〉, 1971년 5월 1일)

우리가 몰랐던 선거 이야기 ❿

박정희 정권 때 국민투표 성향

<표 36> 대통령 선거 및 국민투표 결과(1956년~1971년, %)

지역구	1956년(3대)		1963년(5대)		1967년(6대)		1969년(국민투표)		1971년(7대)	
	이승만	조봉암	박정희	윤보선	박정희	윤보선	찬	반	박정희	김대중
서울	63.3	36.7	30.2	65.1	45.2	51.3	48.2	51.8	40.0	59.4
부산	-	-	48.2	47.5	64.2	31.2	58.6	41.4	55.7	43.6
경기	77.1	22.9	33.1	56.9	41.0	52.6	62.6	37.4	48.9	49.5
강원	90.8	9.2	39.6	49.1	51.3	41.7	74.7	25.3	59.8	38.8
충북	86.1	3.9	39.8	48.9	46.6	43.6	70.3	29.7	57.3	40.7
충남	77.1	22.9	40.8	49.4	45.4	46.8	64.5	35.5	53.5	44.4
전북	60.2	39.8	49.4	41.5	42.3	48.7	66.3	33.7	35.5	61.5
전남	72.1	27.9	57.2	35.9	44.6	46.6	73.4	26.2	34.4	62.8
경북	55.3	44.7	55.6	36.1	64.0	26.4	78.2	21.8	75.6	23.3
경남	62.3	37.7	61.7	29.9	68.6	23.0	76.2	23.8	73.4	25.6
제주	87.9	12.1	46.6	22.3	56.5	32.1	70.7	29.3	56.9	41.4
총계	70.0	30.0	46.6	45.1	51.4	40.9	65.1	31.3	53.2	45.3

〈표 36〉은 1956년, 1963년, 1967년, 1971년 대통령 선거와 1969년 헌법 개정을 묻는 국민투표의 득표율을 표시한 거야. 이 표를 통해 시도별 투표 경향이 어떻게 변화됐는지 가늠할 수 있어.

1971년 제7대 대통령 선거에서 지역적 대립구도가 등장했는데 박정희 정권 아래에서 경제 발전이 산업적으로 지역적으로 불균형하게 추진됐고 그 혜택으로부터 소외되었기 때문이야.

　세 차례에 걸친 선거에서 1967년을 제외하면 박정희는 어렵게 이겼어. 민주공화당이라는 강력한 정당을 조직했고, 군, 중앙정보부, 경찰과 행정 조직 등 국가 기구를 장악한 박정희의 힘을 고려할 때 야당 후보와 표 차이가 많이 나지 않았지. 이런 위태로운 경쟁 상태가 유신체제의 원인일 거야. 언제 질지 모르니 아예 선거를 없애 버린 거야.

　1967년 국민들이 100만 표 넘게 박정희를 지지한 까닭은 제1차 경제개발 5개년 계획에 이은 2차 경제 개발에 대한 기대였어. 그런데 이후 경제 성장률은 올라갔지만 사건 사고가 이어졌지. 1970년에는 부실 공사로 와우아파트가 붕괴하고 평화시장 노동자인 전태일이 분신했어. 그리고 1971년에 서울시에서 경기도 광주로 이주당한 철거민이 집단적으로 저항했지. 경제 개발이 빈익빈 부익부를 확대시킬 것이라는 윤보선의 주장이 현실화된 거야.

노동자의 죽음에서 시작되고 끝난 1970년대

1969년 11월에 평화시장에서 일하는 한 노동자가 박정희 대통령에게 편지를 보냈어.

대통령 각하 (…)

저는 서울특별시 성북구 쌍문동 208번지 2통 5반에 거주하는 22살의 청년 입니다. 직업은 의류 계통의 재단사로서 5년의 경력을 가지고 있습니다. 저의 직장은 시내 동대문구 평화시장으로서 종업원은 3만여 명이 됩니다. (…) 저희들은 근로기준법의 혜택을 조금도 못 받으며 더구나 3만여 명을 넘는 종업원의 90% 이상이 평균 연령 18세의 여성입니다. (…) 3만여 명 중 40%를 차지하는 시다공들은 평균 연령 15세의 어린이들로서 (…) 1일 15시간의 작업을 합니다. (…) 저희들의 요구는, 1일 15시간의 작업 시간을 1일 10~12시간으로 단축해 주십시오. 1개월 휴일 2일을 늘려서 일요일마 다 휴일로 쉬기를 원합니다. 건강 진단을 정확하게 하여 주십시오. (…) 인 간으로서의 최소한의 요구입니다. (조영래, 『전태일 평전』, 213~215쪽)

이 편지를 쓴 노동자는 전태일이라는 사람이야. 그는 바보회, 삼동 친목회라는 모임을 만들어 평화시장 노동자가 얼마나 어려운 상태에 놓여 있는가를 조사해 노동청장에게 진정서를 보냈어. 그리고 근로 조건을 개선하려고 투쟁을 벌였고, 대통령에게도 편지를 보내 노동 현실을 알렸던 거야. 그러나 돌아오는 것은 무관심뿐이었지. 드디어 1970년 11월 13일, 전태일은 "우리는 기계가 아니다", "근로기준법을 준수하라"고 외치며 분신했단다.

1970년대는 한국 사회가 빠르게 경제 성장을 하던 시기였어. 경제 성장은 주로 수출을 통해 이루어졌는데 수출품을 생산하는 노동자들은 밤낮을 가리지 않고 일해야 했거든. 더 많은 수출을 위해 대통령의 딸인 박근혜까지 나서서 '새마음 운동'을 벌이면서, 기업인과 종업원이 '가족' 같은 마음으로 수출에 노력하자고 설득하고 다녔어.

가족 같으면 15살 된 딸을 하루 15시간씩 일을 시켰을까? 그렇지 않았겠지. 전태일의 분신으로 그동안 '고도성장'의 수치 속에 감추어 둔 노동자들의 참혹한 상황이 알려지면서 사회는 충격에 휩싸였어. 언론에 노동자들의 실태가 보도됐고, 대학생·지식인들이 노동자에 대해 관심을 갖기 시작했단다. 그렇지만 여전히 1970년대 말에도 노동 현장의 현실은 변하지 않았어. 다음 내용은 신민당 당사에서 농성했던 YH 여성 노동자들을 경찰이 진압했던 과정을 정리한 거야.

1979년 8월 11일 새벽 2시, 자동차 클랙션 소리가 새벽 공기를 뚫고 길게 세 번 울렸다. 고가 사다리 2대, 물탱크차 2대가 동원되고 조명용 소방차 2대가 대낮처럼 환히 불을 비추는 가운데 1000여 명의 정·사복 경찰관들이 당사 안으로 밀어닥쳤다. 농성장인 4층 강당에서는 여성 노동자들을 곤봉으로 때리고 한 사람 앞에 4명씩 달려들어 사지를 번쩍 들어 계단을 통해 차례로 끌어냈다. 이날 진압 과정에서 YH 노동조합원 여성 노동자 김경숙이 추락사했다.

김경숙이 근무하던 YH무역주식회사는 1970년 당시 국내 최대의 가발 업체였어. YH무역은 설립과 함께 밀어닥친 가발 수출의 최대 호경기와 정부의 수출 우대 정책, 특혜 금융에 힘입어 불과 2년 만에 3곳

<그림 45> 가발 공장에서 일하는 여성 노동자들

에 공장을 지었어. 그러나 하루 15시간씩 일하는 4000여 명 노동자의
한 달 임금은 단돈 1만 원도 되지 않았대. 이때 벌어들인 돈을 미국으
로 빼돌린 장용호 사장은 1970년 가족들과 함께 미국으로 건너갔어.
그리고 무리한 회사 확장과 부정행위를 일삼다가 1979년 YH무역은
임금을 감당할 수 없다며 폐업 공고를 냈단다.

최저 생계비에도 못 미치는 저임금 속에서도 열심히 일했던 노동자
들은 경영주의 비인간적, 반사회적 태도로 하루아침에 길거리로 쫓겨
나게 됐어. 15시간의 노동과 졸음을 이겨가며 열심히 일한 대가가 이
런 것이라니.

70년대 '수출 역군'이었던 섬유 산업에 종사하던 대부분의 여성 노
동자들은 기숙사나 '벌집'이라 불리는 좁은 자취방에서 생활했어. 작
업장 안은 덥고 습한 데다가 먼지도 많고 말소리가 거의 들리지 않을
정도로 소음이 심해 대부분 노동자들이 난청과 폐병으로 고생했단다.

이러한 작업 환경은 김경숙의 일기에도 자세히 나타나 있어.

하청 공장에 취직을 하여 말만 듣던 철야 작업을 밤낮 하면서 약 2개월은
나의 코를 건들지도 못했다. 너무나 피곤하다 보니까 끊임없이 코피가 나
는 것이다. (…) 헐벗고 굶주리며 풀빵 5원짜리 30원어치로 추위에 허덕
이며 생계를 이어가기도 했다. (…) 혼탁한 먼지 속에 윙윙대는 기계 소리
를 들으며 어언 8년 동안 공장 생활하는 나 자신을 볼 때 남는 것은 병밖
에 없다.

YH무역 여성 노동자들은 회사에 몸바친 결과가 폐업이라는 사실을 받아들일 수 없었지. 이들은 기숙사에서 농성을 하다 강제 해산에 대비해 농성 장소로 신민당 당사(당시 신민당 총재는 김영삼 전 대통령이었어)를 택했어. 신민당 당사에 들어온 여성 노동자들은 모두 187명이었단다. 그런데 8월 11일 새벽 2시, 농성장인 4층에 경찰들이 밀어닥쳐 여성 노동자들을 진압했어. 이날 진압 과정에서 YH노조의 상무집행위원이었던 여성 노동자 김경숙이 건물에서 떨어져 사망했단다.

　　1971년 제7대 대통령 선거 때 박정희는 대전 선거 연설에서 경제 건설에는 기적이 없다며 이 모든 것은 국민들이 땀 흘려 일한 대가라고 했어. 특히 농민과 노동자가 노력한 대가라고 말했지. 정부는 살림이 넉넉해진 뒤에 국민에게 노력의 대가를 지불한다고 말했지. 박정희는 그 시기를 1970년대 후반이라고 했단다. 그런데 현실은 달랐어. 1970년 전태일의 분신에서부터 1979년 김경숙의 사망에 이르기까지 노동 현장은 하나도 변하지 않았지.

8장

제8~12대 대통령 선거

—

1972~1981년,
체육관 선거의
시대

"다시는 여러분에게
표를 달라고 하지 않겠다"

박정희 정부는 3선 개헌으로 장기 집권에 성공했으나 민심은 점차 멀어져 갔어. 수출 지향적이고 외자 의존적인 경제 개발 정책으로 재벌의 출현, 정경 유착, 차관 기업의 경영 부실 따위의 여러 문제점이 나타났어. '선 성장 후 분배'의 성장 제일주의는 노동자에게 저임금을, 농민에게 저곡가 정책을 강요했고, 이로 인한 노동자들의 생존권 요구가 거세졌어.

1970년대 초 미국이 닉슨 독트린(미국의 새로운 아시아 대외 정책)을 발표하면서 냉전 체제의 완화 조짐이 나타났어. 베트남에서 미군이 철수하고, 주한 미군 감축 결정이 내려졌거든. 이러한 국제 정세의 변화는 반공을 국시로 내세우며 민주화 운동을 탄압하고 권위주의적 정권을 유지해 온 박정희 정부에게 위기감을 불러일으켰어.

이런 상황에서 실시된 8대 국회의원 선거(1971년 5월 25일)에서 공화당은 118석, 신민당은 89석, 국민당 1석, 민중당 1석을 차지했어. 이전 선거에 비해 여야 의석 차이가 크진 않았지. 그런데 공화당과 신민당

<표 37> 국회의원 선거에서의 정당 득표율(%)

1963년 6대 국회의원 선거		1967년 7대 국회의원 선거		1971년 8대 국회의원 선거	
공화당	민정당	공화당	신민당	공화당	신민당
33.5	20.1	50.6	32.7	47.8	43.5

의 득표율 차이는 불과 4%였어.

국회의원 선거가 끝나고 1년 반이 채 지나지 않은 1972년 10월 17일 박정희 정권은 유신체제를 선포하고, 대통령 직선제를 통일주체국민회의에서 대통령을 뽑는 간선제로 바꾸었어. 1971년 대통령 선거 유세에서 "다시는 여러분에게 표를 달라고 하지 않겠다"고 한 박정희의 발언이 전혀 다른 의미로 실현됐네.

유신 선포로 제8대 국회는 개원한 지 1년 3개월 만에 수명을 다했고, 국회의 권한은 비상국무회의가 대행하게 됐어. 이러한 상황에서 비상국무회의는 1972년 10월 26일 헌법 개정안을 의결했어. 이후 11월 21일 국민투표를 통해 91.5%의 찬성으로 이른바 유신헌법을 확정했지. 확정된 헌법 개정안은 12월 27일에 공포됐어. 국회 해산 상태에서 집행부인 국무회의가 비상 국무회의의 이름으로 입법부를 대신해

<표 38> 개헌안 국민투표 결과(1972. 11. 21)

투표인 수	투표 수	찬성 수	기권 수
15,676,396	14,410,714	13,186,559	1,265,681
	91.9%	91.5%	

참조 : 중앙선거관리위원회, 『대한민국 선거사』 제2집, 311쪽

<그림 46> <그림 46-1>
유신헌법 국민투표를 위한
선전물

헌법을 제정했던 거야. 이렇게 높은 찬성률이 나온 것은 계엄 상태에
서 국민투표에 대한 정당, 사회단체의 찬반운동을 일체 금지시켰기 때
문이지.

　유신헌법의 가장 큰 특징은 주권의 제약이었어. 대한민국 헌법 제1
조 제1항은 "대한민국은 민주 공화국이다"잖아. '민주 공화국'이란 주
권이 국민에게 있고 국민이 선출한 대표자에 의해 통치하는 나라라고

\<그림 47\> 통일주체 국민회의 회의장

국어사전에 나와 있어. 그런데 유신헌법은 이런 민주 공화국의 근본 원리까지 서슴지 않고 파괴했어.

우선 대통령 선출 방식을 직접 선거가 아닌 통일주체 국민회의에서 토론 없이 선거하는 간접 선거로 바꿨어(제39조). 국회의원도 무려 3분의 1을 대통령이 지명했고(제40조). 의회를 대통령이 구성한다는 내용은 삼권분립은 물론 대의와 주권의 원리를 부정한 것이었단다.

대통령 임기는 6년으로 하고 중임이나 연임 제한 규정을 없애 영구 집권의 길을 열어 놓았지. 권력은 더욱 막강해져서 긴급조치권, 국회 해산권, 국민투표 부의권(대통령이 필요하다고 인정할 경우 국가 안위에 관한 중요 정책을 국민투표에 부칠 수 있는 권리), 법관 임명권 따위를 가졌

어. 또한 대통령은 자신을 선출하는 기구인 통일주체 국민회의 의장이
야. 선출 과정 어디에서도 경쟁과 견제의 원리를 적용받지 않도록 했
지. 야당이 통일주체 국민회의에 진출할 수 있는 통로와 가능성은 완
전히 막혔어. 야당 인사들은 출마에 필요한 유권자 서명조차 받을 수
없었거든.

　이처럼 유신헌법은 삼권분립, 견제와 균형, 경쟁적 선거 제도라는
자유 민주주의의 기본 원칙을 전면 부정했으며 대통령의 권한 강화와
반대 세력에 대한 억압을 목적으로 하고 있어.

　'유신헌법'의 주요 조항은 다음과 같았단다.

제3장 통일주체 국민회의

제36조 ① 통일주체 국민회의는 국민의 직접 선거에 의하여 선출된 대의원
으로 구성한다.

② 통일주체 국민회의 대의원 수는 2000인 이상 5000인 이하의 범위 안에
서 법률로 정한다.

③ 대통령은 통일주체 국민회의 의장이 된다.

제37조 (…) ④ 통일주체 국민회의 대의원의 임기는 6년으로 한다.

제39조 ① 대통령은 통일주체 국민회의에서 토론 없이 무기명 투표로 선거
한다.

제40조 ① 통일주체 국민회의는 국회의원 정수의 3분의 1에 해당하는 수
의 국회의원을 선거한다.

② 제1항의 국회의원의 후보자는 대통령이 일괄 추천하며, 후보자 전체에

대한 찬반을 투표에 붙여 재적 대의원 과반수의 출석과 출석 대의원 과반수의 찬성으로 당선을 결정한다.

제4장 대통령

제47조 대통령의 임기는 6년으로 한다.

제53조 ① 대통령은 천재지변 또는 중대한 재정 경제상의 위기에 처하거나, 국가의 안전 보장 또는 공공의 안녕질서가 중대한 위협을 받거나 받을 우려가 있어, 신속한 조치를 할 필요가 있다고 판단할 때에는 내정, 외교, 국방, 경제, 재정, 사법 등 국정 전반에 걸쳐 필요한 긴급조치를 할 수 있다. ② 대통령은 제1항의 경우에 필요하다고 인정할 때에는 이 헌법에 규정되어 있는 국민의 자유와 권리를 잠정적으로 정지하는 긴급조치를 할 수 있고, 정부나 법원의 권한에 관하여 긴급조치를 할 수 있다.

제59조 ① 대통령은 국회를 해산할 수 있다.

유신헌법과
체육관 선거

1972년 유신헌법이 공포된 뒤 박정희 정부는 12월 15일 선거를 통해 통일주체 국민회의를 구성했어. 통일주체 국민회의 대의원 선거는 구·시·읍·면·동의 행정 구역 단위를 선거구로 해서 전국을 1630개 구로 나누되 농촌 지역은 소선거구제, 도시 지역은 중선거구제를 채택했어. 중선거구제의 경우 인구 2만 명을 기준으로 1인에서 5인까지 선출

<그림 48> <그림48-1> 통일주체 국민회의 대의원 선거 선전 홍보물

하는 방식이었어. 이에 따라 총 2359명의 통일주체 국민회의 대의원이 선출됐어.

8일 뒤인 12월 23일에 제8대 대통령 선거가 장충체육관에서 실시됐단다. 이 선거는 통일주체 국민회의를 통한 간접 선거였으며 대통령 후보는 박정희 한 사람뿐이었단다.

유신헌법과 통일주체 국민회의법에 따르면 대통령 선거를 관리하는 기관은 통일주체 국민회의야. 중앙선관위는 통일주체 국민회의 대의원 선거를 관리했지만 대통령 선거에는 관여할 수 없었지. 대통령 후보도 등록 신청을 본인이 하는 것이 아니라 통일주체 국민회의 대의원이 동료 대의원 200명 이상의 추천장과 대통령이 되고자 하는 사람의 승낙서를 첨부해 통일주체 국민회의 사무처에 등록, 신청하는 방식이었어. 또한 대통령 후보에 대한 토론도 금지되었기 때문에 지지 또는 반대와 관련한 어떤 선거 운동도 진행할 수 없었지.

〈표 39〉에서 나타난 것처럼 박정희는 무효 2표를 제외한 2357표를 얻어 제8대 대통령에 당선됐어. 이러한 투표 결과는 민주주의 국가의 자유선거에서는 유례를 찾아볼 수 없는 것으로 유신헌법의 비민주성을 보여주고 있어. 제8대 대통령 선거 뒤 박정희는 선거법 개정을 통해

<표 39> 제8대 대통령 선거 결과(1972. 12. 23)

선거인단	선거인 수	투표자 수	민주공화당 박정희	무효 투표수
통일주체 국민회의	2,359	2,359	2,357	2

참조 : 중앙선거관리위원회, 『대한민국 선거사』 제2집, 284쪽

유신체제를 공고화하기 위한 제도적 장치를 마련했어. 219명의 국회의원 가운데 146명은 각 지역구에서 2인씩 직접 선거로 선출하고, 나머지 3분의 1에 해당하는 73명은 대통령이 추천하고 통일주체 국민회의에서 간접 선출하도록 했지.

이렇게 간접 선출된 의원들은 유신정우회(이하 유정회)라는 별도의 원내 교섭 단체를 구성했어. 유정회는 전국적으로 덕망 있는 인사와 각계 직능 대표의 국회 진출을 가능하게 한다는 대의명분을 내세웠어. 그러나 대통령이 추천권을 가짐으로써 실제로는 집권당에게 국회의석 3분의 1을 보장해 국회를 확실하게 장악하려는 정치적 의도에서 만들어진 제도였어. 그러면 선거 결과는 어땠는지 한번 살펴볼까?

제9대 국회의원 선거에서 집권당과 제1야당 간 득표율 차이가 6.2%였는데도 의석 점유율은 14.4%의 차이가 나. 과반수 이상인 61.3%의 유권자들이 야당과 무소속을 지지했어. 집권당과 유신체제에 대한 거부감을 표시한 거야.

그런데 지역구 이외에 통일주체 국민회의에서 간접 선출한 유정회

<표 40> 제9대 국회의원 선거

구분	민주공화당	신민당	통일민주당	무소속	총계
의석수	73	52	2	19	146
당선자 비율(%)	50.0	35.6	1.3	3.1	100
득표율(%)	38.7	32.5	10.2	18.6	100

참조 : 중앙선거관리위원회, 『대한민국 선거사』 제2집, 284쪽

의원은 73명이므로 제9대 국회의원 선거 결과 민주공화당이 실제 차지한 의석은 전체의 3분의 2에 달하는 146석이야. 집권당은 지역 선거구에서 38.7%를 득표하고도 66.7%의 의석을 차지하는 비민주적 결과를 얻었지.

반면 제1야당인 신민당은 지역구에서 32.5%를 득표하고도 전체 의석의 23.7%만을 차지했단다. 당시 제도하에서는 야당이 제아무리 잘해도 전체 의석의 3분의 1 이상을 차지할 수 없었어. 야당의 행정부 견제력이 원천적으로 차단된 거야.

제8대 대통령의 임기가 끝나자 1978년 5월 18일에 제9대 대통령 선거를 위한 제2대 통일주체 국민회의 대의원 선거가 실시됐어. 대의원 수는 2359명에서 2583명으로 224명이 늘어났어. 후보자는 여전히 박정희 한 사람이었지. 1978년 7월 6일에 실시된 제9대 대통령 선거 결과도 예상을 벗어나지 않았어. 〈표 41〉에서 통일주체 국민회의 재적 대의원 중 단 3명을 제외한 2578명이 투표에 참여했고, 토론 없이 비밀 투표로 실시된 결과 박정희가 99.9%의 찬성으로 당선되지.

그러나 그해 12월에 실시된 제10대 국회의원 선거에서 신민당의

<표 41> 제9대 대통령 선거 결과(1978. 7. 6)

선거인단	선거인 수	투표자 수	박정희	무효표	기권
통일주체 국민회의	2,581	2,578	2,577	1	5

참조 : 중앙선거관리위원회, 『대한민국 선거사』 제3집, 380쪽

득표율은 공화당을 앞질렀고, 민심은 유신 독재 정권에서 떠나고 있었어. 〈표 42〉은 제10대 국회의원 선거 결과야. 선거는 긴급조치 9호가 발령된 가운데 실시됐어. 유신체제에 대한 논쟁은 일체 할 수 없었고 개인 연설도 금지됐지. 민주공화당은 여전히 다수당이었지만 그 내용을 보면 패배나 다름없었단다. 신민당의 득표율(32.8%)이 민주공화당(31.7%)보다 높았거든. 민주통일당은 7.4%, 무소속은 28.1%의 득표를 얻었어.

그런데 여당은 지역구에서는 뒤졌지만 통일주체 국민회의에서 선출하는 77명이 여당에 합류하면서 과반수를 넘었지. 선거에 나타난 민심은 정부 여당에 대한 불신을 보여 주는 한편, 야당에게 유신 반대와

〈표 42〉 제10대 국회의원 선거(%)

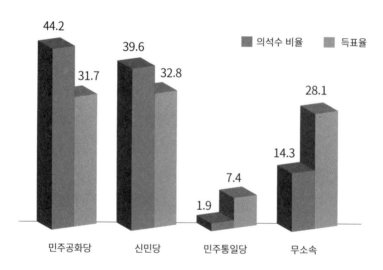

참조 : 중앙선거관리위원회, 『대한민국 선거사』 제3집, 370쪽

민주 헌정 회복을 위한 적극적 태도를 요구한 거야.

이 시기 국회의원 선거의 또 다른 특징은 지역구에서 2~5명을 뽑는 중선거구제의 채택이야. 중선거구제는 도시 지역에서 여당 후보의 당선 가능성을 높였고, 제1야당 후보를 견제하는 효과를 가져왔어.

선거구제란?

선거구는 의원을 선출하는 단위 구역으로 소선거구, 중선거구, 대선
거구로 구별해. 소선거구는 한 지역에서 1명을, 중선거구는 2~5명 정
도를, 대선거구는 6명 이상을 뽑는 거야. 유신헌법은 소선거구제에서
중선거구제로 바꿨어. 이는 여당이 안정적인 의석을 확보하기 위함이
었어. 제9대~12대 국회의원 선거 때까지 중선거구제가 유지됐다가
1988년 제13대 국회의원 선거 때부터 소선거구제로 다시 바뀌었단다.

유신체제의 종말과 제10대 대통령 선거

앞서 선거 결과에서도 알 수 있듯이 군사 독재에 대한 국민의 반감은 더욱 깊어지고 저항은 점점 거세졌어. 그러다 결국 독재 정권은 무너지게 되지.

1979년 10월, 부산에서 학생과 시민들이 유신 철폐를 외치며 반독재 시위를 격렬하게 전개했어. 마산에서도 시위가 벌어졌어. 이러한 가운데 박정희 대통령이 10월 26일 중앙정보부장 김재규가 쏜 총탄에 피살돼 유신체제는 막을 내렸단다.

최규하 국무총리는 대통령 권한 대행을 맡았어. 그는 먼저 1979년 10월 27일 제주도를 제외한 전국에 비상계엄을 선포하고, 정승화 참모총장을 계엄사령관에 임명했어. 군 수뇌부는 정승화 계엄사령관이 주축이 돼 군의 정치적 중립을 선포하고 합법적인 방법에 따른 정치 일정의 고수와 유신헌법의 폐지를 결정했어.

헌법에는 대통령 궐위 시 통일주체 국민회의를 통해 3개월 이내 (1980년 1월 26일까지)에 후임 대통령을 선출하도록 규정돼 있었지.

<표 43> 제10대 대통령 선거 결과(1979. 12.6)

선거인단	선거인 수	투표자 수	무소속 최규하	무효표	기권
통일주체 국민회의	2,560	2,549	2,465	84	11

참조 : 중앙선거관리위원회, 『대한민국 선거사』 제3집, 383쪽

이에 최규하 통일주체 국민회의 의장대행은 박정희 대통령의 국장을 마무리한 뒤 제10대 대통령 선거를 1979년 12월 6일에 실시하기로 했단다.

선거 결과 최규하가 제10대 대통령에 당선됐어. 이때는 무효표가 84표가 나와 박정희를 선출할 때와는 조금 달랐어. 최규하는 당선 다음날 국무회의 의결을 거쳐 긴급조치 제9호를 12월 8일 0시부터 해제해 새로운 정치체제를 모색하기 위한 첫걸음을 내디뎠어. 김대중을 포함한 68명의 긴급조치 위반자를 석방했으며, 재야인사 687명에 대한 특별 사면과 복권 조치도 이루어졌어. 10·26 사태 이후 국민들은 유신 체제가 끝나고 민주 사회가 올 것으로 기대하고 있었어. 그러나 민주주의의 싹은 또 한 번 짓밟히게 돼.

1979년 12월 12일 국군 보안 사령관 전두환 소장, 9사단장 노태우 소장 등이 중심이 된 이른바 신군부 세력이 지휘 계통을 무시하고 일부 병력을 동원해 계엄사령관 정승화를 체포하고 군부를 장악했어.

신군부 세력이 정치권력을 장악하려는 가운데 대학생과 시민들은 민주화를 요구하는 시위를 벌였어. 1980년 5월 15일에는 10여 만 명이

서울역 앞에서 계엄 해제를 요구하며 이른바 '서울의 봄'이라고 불리는 대규모의 민주화 요구 시위를 벌였어. 그러자 신군부는 5월 17일 전국으로 비상계엄을 확대하고 모든 정치 활동을 금지했어. 야당 지도자에 대한 탄압도 이어졌지. 김대중은 내란 음모죄, 김종필은 권력형 부정 축재자라는 명목으로 체포하고, 김영삼은 자택에 연금했어.

신군부의 계엄 선포에도 불구하고 전라남도 광주에서는 비상계엄 철회와 민주 헌정 체제의 회복을 요구하는 학생들의 시위가 벌어졌어. 신군부는 1980년 5월 18일 공수 부대를 투입해 무자비하게 진압했고, 이에 격분한 학생과 시민들은 대규모 시위를 전개했어. 그리고 많은 희생을 치르게 되었지. 5·18 민주화 운동은 1980년대 민주화 운동의 밑거름이 됐어. 신군부는 5·18 민주화 운동을 유혈 진압하고 집권하는 데에는 성공했으나 도덕성을 잃었어. 이로 인해 큰 정치적 부담을 지게 됐어.

신군부는 국가보위 비상대책위원회를 구성해 대통령의 자문에 응하거나 보좌한다는 명분을 내세워 행정과 사법 전반에 걸친 주요 업무를 장악했어. 그리고는 정치인의 정치 활동 통제, 공직자 숙청, 언론 통폐합, 민주화 활동을 한 교수와 기자의 해직, 삼청교육대 운영 따위의 조치로 사회 통제를 강화해 나갔어. 이런 상황 속에서 최규하 대통령은 재임 8개월 21일 만에 신군부에게 정권을 넘기고 물러났어.

최규하가 대통령직에서 사임하자 제11대 대통령 선거가 실시됐어. 대통령 선거법이 존재하지 않았던 상황에서 유신헌법과 통일주체 국민회의법을 그대로 적용했지. 전두환은 1980년 8월 27일 장충체육관

에서 통일주체 국민회의 대의원의 99.9% 지지를 얻어 대통령으로 선
출됐어.

<표 44> 제11대 대통령 선거 결과(1980. 8. 27)

선거인단	선거인 수	투표자 수	민주정의당 전두환	무효표	기권
통일주체 국민회의	2,540	2,525	2,524	1	15

참조 : 중앙선거관리위원회, 『대한민국 선거사』 제4집, 57쪽

정치인 없는 대통령 선거

제11대 대통령 임기는 당선일인 1980년 8월 27일부터 전임 대통령의 잔여 임기인 1984년 12월 26일까지였어. 전두환은 취임식에서 유신헌법 개정을 위한 국민투표를 실시하고 1981년 6월 말까지 개정된 헌법에 따라 새롭게 대통령 선거를 실시하겠다고 하지.

개정 내용은 통일주체 국민회의를 폐지하고, 대통령 선거인단이 대통령을 뽑는 방식을 채택했어. 간접 선거의 틀은 그대로 유지하되, 선거인단 이름만 바뀐 꼴이야. 전두환은 특별 담화를 통해 대통령 직선제를 채택하지 않는 까닭으로 과도한 국력 낭비, 무책임한 공약 남발, 국론 분열, 지역감정 촉발 따위를 제시했어. 그러면서 국민의 반감을 무마하려고 대통령 임기를 7년 단임으로 하고, 재출마를 금지해 장기 집권의 방지와 정권 교체의 제도화를 꾀한다는 명분을 강조했어.

제5공화국 헌법은 1980년 10월 22일에 제5차 국민투표를 통해 확정됐어. 제5차 국민투표는 비상계엄이 선포된 상황에서 이루어졌지. 모든 정치 활동을 금지하고, 언론과 행정력을 총동원해 홍보 활동을 벌인 상황에서 실시됐어. 그 결과 95.5%의 투표율에 92.9%의 찬성률을 기록했지.

전두환 정권은 새롭게 발효된 제5공화국 헌법을 토대로 기존 정당들과 국회를 해산시켰어. 그리고 12대 대통령 선거를 앞두고 '정치풍토 쇄신을 위한 특별조치법'을 제정해 기존 정치인 567명의 정치 활동을 1988년 6월 30일까지 모두 금지하는 조치들을 취했어.

다만, 대통령 선거 후보 등록과 관련해 제11대 대통령 선거와 제12

<그림 49> <그림49-1>
제12대 대통령 선거 벽보

<표 45> 제12대 대통령 선거인 선거 결과

대통령 선거인 선거 선거인 수	대통령 선거인 선거 정당별 당선인 수							투표율
	민주 정의당	민주 한국당	한국 국민당	민권당	무소속	무투표	합계	
19,967,287	3,667	411	49	19	1,132	288	5,278	78.1
	69.5%	7.8%	0.9%	0.4%	21.4%		100%	

참조 : 중앙선거관리위원회, 『대한민국 선거사』 제4집, 149쪽

<표 46> 제12대 대통령 선거 결과

시도	총 유효 득표수	김종철	김의택	유치송	전두환
서울	855	11	8	133	703
부산	321	3		33	285
경기	670	4	3	43	620
강원	299	3		4	292
충북	256	4		14	238
충남	465	18		41	406
전북	404	3	7	25	369
전남	606	28	6	51	521
경북	754	2		29	723
경남	587	9	2	30	546
제주	53			1	52
총계	5,270	85	26	404	4,755
	100%	1.6%	0.5%	7.7%	90.2%

참조 : 중앙선거관리위원회, 『대한민국 선거사』 제4집, 180쪽

대 대통령 선거가 차이가 있어. 유신헌법 아래에서 실시된 제11대 대
통령 선거에서는 대통령 후보자가 되려면 통일주체 국민회의 200명

이상의 추천이 필요했잖아. 그런데 제12대 대통령 선거에서는 소속 정당의 추천을 받거나 '대통령 선거인' 300명 이상 500명 이하의 추천을 받으면 후보로 등록할 수 있었어.

'대통령 선거인'의 후보로 등록한 사람은 총 9479명이었단다. 민주정의당, 민주한국당, 한국국민당, 민권당, 민주사회당이 참여했지. 결과는 집권당인 민주정의당에서 69.5%를 배출했어.

제12대 대통령 후보는 민주정의당 전두환, 민주한국당 유치송, 한국국민당 김종철, 민권당 김의택이 등록했어. 1981년 2월 25일 치러진 선거에서 전두환은 90.2%의 지지를 얻어 당선됐어. 유력 정치인의 정치 활동을 금지하고 다양한 편법들을 동원해 얻어낸 결과였지.

긴급조치란?

박정희 정권은 국가 안보와 지속적인 경제 성장을 내세운 유신체제로 막강한 권력을 휘두르며 영구 집권을 도모했어. 이러한 가운데 일본에서 유신 반대 운동을 벌이던 김대중이 국내로 납치되는 사건이 발생했어(1973. 8). 또한 서울대학교 문리대 학생들의 시위를 시작으로 대학생들의 유신 반대 시위가 확대됐어(1973. 10). 그리고 장준하, 백기완 등 재야인사들을 중심으로 개헌 청원 100만 명 서명 운동이 전개됐어(1973. 12). 유신 반대 운동이 거세어지자 정권은 긴급조치를 잇달아 발표했단다.

강경 조치에도 유신체제에 저항하는 언론자유 실천운동이 시작됐고, 민주회복 국민회의, 양심범 가족협의회, 천주교 정의구현사제단, 자유실천 문인협의회 등이 결성돼 활동했어. 1976년 3월 1일에는 윤보선, 함석헌, 김대중 등 재야 민주 인사들이 명동성당에서 긴급조치 철폐, 민주 인사와 학생 석방, 박정희 정권 퇴진, 민족 통일 추구 등을 요구하는 「3·1 민주 구국 선언」을 발표했어. 그러자 유신 정권은 학생,

종교인, 교수, 민주인사, 언론인 등을 투옥하거나 해직시켰어.

유신체제에 대한 국민의 저항을 박정희는 강압적으로 탄압했어. 1974년 1월 긴급조치 1, 2호를 발표해 국민의 자유와 권리를 제한했고, 4월에는 민청학련 사건을 계기로 긴급조치 4호를 발동했어. 긴급조치는 행정 명령만으로 국민의 자유와 권리를 무제한으로 제약하는 초헌법적 권한으로, 반유신 세력의 탄압 도구로 이용됐어.

그럼에도 국민적 저항은 계속되었고, 정국 불안정이 계속되었어. 이에 박정희는 1975년 1월 22일 특별 담화를 통해 유신헌법에 대한 찬반을 묻는 국민투표 실시를 선언했어. 그해 2월 12일에 실시된 국민투표는 부정 불법 투개표 시비를 남긴 채 79.8%가 참여했고, 73.1%가 찬성하는 압도적 지지로 나타났어. 이를 자신에 대한 신임으로 간주한 박정희는 강압적 통치를 확대했단다. 1975년 4월에는 대학생들의 시위를 막기 위해 휴교 조치를 내리는 긴급조치 7호를 발동했고, 연이어 5월 13일에는 긴급조치 제9호가 선포됐어. 긴급조치 9호는 개헌 논의 자체를 불허하는 가장 강력한 조치였어.

긴급조치 1호(1974년 1월 8일)

1) 대한민국 헌법을 부정, 반대, 왜곡 또는 비방하는 일절의 행위를 금한다.

2) 대한민국 헌법의 개정 또는 폐지를 주장 발의 제안 또는 청원하는 일절의 행위를 금한다.

3) 유언비어를 날조 유포하는 일절의 행위를 금한다.

4) 전 ①②③호에서 금한 행위를 권유, 선동, 선전하거나 방송, 보도, 출판, 기타 방법으로 이를 타인에게 알리는 일절의 언동을 금한다. 이 조치에 위반한 자와 이 조치를 비방한 자는 법관의 영장 없이 체포, 구속, 압수, 수색하며 15년 이하의 징역에 처한다. 이 경우에는 15년 이하의 자격 정지를 병과할 수 있다.

6) 이 조치에 위반한 자와 이 조치를 비방하는 자는 비상 군법회의에서 심판 처단한다.

긴급조치 9호(1975년 5월 13일)

1. 다음 각 호의 행위를 금한다.

   가. 유언비어를 날조, 유포하거나 사실을 왜곡하여 전파하는 행위

   나. 집회 시위 또는 신문, 방송, 통신 등 공중 전파 수단이나 문서, 도화, 음반 등 표현물에 의하여 대한민국 헌법을 부정·반대 왜곡 또는 비방하거나 그 개정 또는 폐지를 주장·청원·선동 또는 선전하는 행위

   다. 학교 당국의 지도, 감독하에 행하는 수업, 연구 또는 학교장의 사전 허가를 받았거나 기타 의례적 비정치적 활동을 제외한, 학생의 집회 시위 또는 정치 관여 행위

   라. 이 조치를 공연히 비방하는 행위

9장

제13대 대통령 선거

———

1987년,
16년 만의
직접 선거

"여야가 합의하여 직선제로 개헌한다"

국민들이 직접 투표하여 대통령을 뽑고 정부를 세워야 한다는 국민의 바람은 1986년 전국으로 퍼져 나갔어. 그러려면 헌법을 바꿔야 했지. 이에 신민당은 직선제 개헌을 위한 1000만 명 서명 운동을 전개했어. 개헌 요구는 국민과 민주화 운동 세력, 보수 야당을 한 묶음으로 만들었어. 전두환 정권의 탄압이 거세질수록 민주화에 대한 국민의 바람은 커져만 갔지.

이런 가운데 1987년 1월에 서울대학교 학생 박종철이 경찰의 고문을 받다가 사망한 사건이 발생했어. 박종철군 추모 대회와 고문추방 민주화 대행진에 참여한 수십만 국민들은 직선제 개헌, 정권 타도를 외쳤어. 그런데 전두환은 4월 13일에 헌법 개정을 반대하는 담화문을 발표했어. 5월에 천주교 정의구현사제단은 박종철 고문치사 사건을 조사한 검찰의 발표가 조작됐다고 발표했어. 사제단의 발표는 전두환 정부에 대한 분노를 폭발시켰단다.

호헌반대 민주헌법쟁취 국민운동본부(이하 국본)가 만들어졌고, 국

<그림 50> 박종철 고문치사 규탄대회

본은 대규모 국민 대회를 열기로 결정했지. 6월 9일에는 연세대학교 학생 이한열이 시위 도중 경찰의 최루탄에 맞아 사망했어. 이어 6월 10일에 국본은 박종철 고문 살인 조작, 은폐 규탄 및 호헌 철폐 국민 대회를 전국 도시에서 개최했어. 오후 6시가 되자 성공회 대성당 안의 참가자들은 예정대로 국민 대회를 진행했어. 이때를 전후해 도심 사무실에서 퇴근한 사무직 노동자들이 거리로 쏟아져 나왔지. 차량은 경적을 울렸어. 학생들을 따라 "호헌 철폐! 독재 타도!"를 외치는 사람들이 늘어났지. 가게 주인들은 전경에 쫓기는 시위자를 숨겨주고 셔터를 내린 뒤 음료수를 제공하며 격려했어. 지방도 다르지 않았단다. 부산, 대구, 광주에서도 시위가 벌어졌지.

한편 6월 10일 정오, 잠실체육관에서는 전두환이 손을 번쩍 치켜들어 민정당 대통령 후보로 선출된 노태우의 손을 잡았어. 국민 뜻을 무시한 거지. 시위는 18일에 최루탄 추방 대회, 26일에 국민 평화 대행진으로 이어지면서 그 규모는 더욱 커졌단다. 수백만의 국민들이 전국 방방곡곡에서 들고 일어났어.

마침내 6월 29일, 민주정의당 차기 대통령 후보 노태우는 대통령 직선제 개헌을 골자로 하는 8개 항의 시국 수습 방안을 발표했어. 다음은 6·29 선언의 주요 내용이야.

첫째, 여야가 합의하여 조속히 대통령 직선제로 개헌하고 새 헌법에 의한 대통령 선거를 통하여 1988년 2월 평화적 정부 이양을 실현하도록 하겠습니다.

둘째, 자유로운 출마와 공정한 경쟁이 보장되어 국민의 올바른 심판을 받을 수 있는 내용으로 대통령 선거법을 개정하여야 한다고 봅니다.

셋째, 자유 민주주의적 기본 질서를 부인한 반국가 사범이나 살상, 방화, 파괴 등으로 국기를 흔들었던 극소수를 제외한 모든 시국 관련 사범들도 석방되어야 합니다. (…)

여섯째, 사회 각 부문의 자치와 자율은 최대한 보장되어야 합니다. 지방의회 구성은 예정대로 진행되어야 하고, 시·도 단위 지방의회 구성도 검토 추진되어야 합니다. 대학의 자율화와 교육 자치도 조속히 실현되어야 합니다.

7월 1일에 전두환은 특별 담화를 통해 노태우 선언을 수용한다는 뜻을 밝혀 대통령 직선제 개헌은 공식화됐어. 대통령 직선제는 "모든 권력은 국민으로부터 나온다"는 민주주의의 기본 원칙을 되살렸지. 그리고 그것은 끝이 아니라 새로운 시작이었어.

제9차 헌법 개정안의 핵심은 국민 직선제와 5년 단임제야. 더불어 대통령의 비상 조치권과 국회 해산권도 폐지됐지. 헌법재판소를 신설해 법률의 위헌 여부, 탄핵, 정당 해산에 관한 심판, 국가기관 간의 권한 쟁의, 헌법 소원에 대한 심판 따위를 관장하도록 했어.

그리고 1987년 10월 27일 헌법 개정안에 대한 국민투표가 실시됐어. 결과는 78.2%가 투표해서 93.1%의 높은 찬성률을 기록했어. 역대 가장 높은 수치야. 그만큼 민주화 및 대통령 직선제에 대한 국민적 열망이 높았기 때문이겠지. 1948년 헌법이 제정된 이후 총 9차례 개정됐지만, 이때는 최초로 여야가 합의한 개헌이었어. 그전까지는 주로 장기 집권을 위해 정권 차원에서 기획되었지.

<표 47> 헌법 개정의 역사

차수	일자	내용
1차	1952. 7	대통령 직선제, 국회 양원제, 발췌개헌
2차	1954. 11	대통령 직선제(중임 제한 철폐), 사사오입 개헌, 이승만의 3선 허용
3차	1960. 6	의원 내각제, 대통령 국회 선출
4차	1960. 11	3·15 부정 선거 관련자 처벌, 소급 특별법 제정
5차	1962. 12	대통령 직선제, 국회 단원제
6차	1969. 9	대통령 직선제, 박정희의 3선 허용
7차	1972. 12	대통령 간선제, 유신체제, 종신 집권 가능
8차	1980. 11	7년 단임의 대통령 간선제
9차	1987. 10	5년 단임의 대통령 직선제, 여야 합의로 개헌

누가 군정 종식의
적임자인가

제13대 대통령 선거는 여당인 민주정의당의 노태우와 야당인 통일
민주당의 김영삼과 평화민주당의 김대중 등의 3자 대결 구도로 치
러졌어.

선거 운동이 진행되자 야당 후보들은 12·12 사태를 통해 집권한 전
두환 정부의 정통성을 공격했어. 12·12 사태가 군사 쿠데타이고 전두
환 군사 정권을 탄생시킨 시발점이며, 그 주역인 노태우의 당선은 군사
정권의 연장이라는 점을 부각시켰어.

김영삼은 10월 17일 부산에서 100만 명이 모인 '군정종식 부산 국
민대회'와 11월 9일 통일민주당 전당 대회에서 12·12 사태는 군사 반
란이며 노태우의 집권은 군정의 연장이라면서 자신이야말로 군정 종
식의 최고 적임자임을 역설했어. 김대중 또한 12·12 사태는 국민들의
민주화 열망을 무산시킨 쿠데타였으며 불법적인 정권 탈취라고 주장
했어.

노태우는 자신이 군부를 잘 알고 군부의 지지를 받는 사람이기에 군

정 종식의 적임자라고 주장했어. 군정 종식과 함께 안정론을 내세웠지. 또한 6·29 선언 뒤 시위가 없어졌다는 점을 들어 정치 안정을 이룰 적격자임을 홍보했어. 안정 없는 경제 성장은 없다고 주장하는 한편 공산주의의 위협을 강조했지. 다른 후보의 집권은 정치 혼란과 분열을 일으킬 것이라고 했어. 노태우의 선거 구호는 "저와 함께 보통 사람의 위대한 시대를 만듭시다"였어.

김영삼은 노태우를 겨냥해 군인 정치 반대를 내세웠지. 자신이야말로 군정 종식으로 민주화를 이룰 수 있고 정치를 안정시킬 사람임을 강조했어. 김영삼은 "노태우 후보가 대통령이 되면 한동안은 공동묘지와 같은 안정이 올지 모르나 민간 대통령이 뽑혀야 영원히 안정을 가져올 수 있다"고 주장했어. 김영삼은 정상적인 성장, 학력, 경력을 가진 지도자, 정직과 결단의 지도자, 선명하지만 과격하지 않은 지도자로서의 이미지를 부각시켰어. 그러면서 다음과 같은 홍보 문안을 사용했지.

<그림 51> <51-1> 노태우 정치 광고

<그림 52> <그림52-1> 김영삼 정치 광고

<그림 53> <그림53-1> 김대중 정치 광고

누구입니까? 27년 군정 찌꺼기를 깨끗이 씻어 낼 수 있는 사람은

누구입니까? 화합을 통해 진정한 안정을 이루어 낼 수 있는 사람은

가장 폭넓은 지지를 우리 모두의 자존심을 되찾아 낼 사람은

누가 대통령 자격 있습니까?

　김대중은 '광주 사태' 해결과 지역감정 해소로 정치의 안정을 달성

할 수 있다며 안정과 개혁을 함께 달성하기 위한 사람을 뽑아야 한다고

주장했어. 그는 "노태우 후보가 집권할 경우 또 다시 거리에서 최루탄을 맞으며 눈물을 흘리고 독재와 싸우지 않을 수 없을 것"이라며 자신만이 민주 정부를 구성해 안정과 개혁을 조화롭게 추진할 수 있다고 주장했어. 김대중은 부패한 안정을 청산하고 건강한 안정을 이룩할 것임을 국민에게 약속한다며 이전의 과격한 이미지를 없애려고 했어. 그리고 분배 문제와 경제 정책에 대한 자신감을 드러냈지. 홍보문은 다음과 같았어.

> 그의 가족을 한번 만나 본다면 얼마나 그가 따스한 가슴으로 살고 있는지 알게 됩니다.
> 동교동 대문 위에 두 개의 문패는 그가 얼마나 여성을 존중하는가를 말하고 있습니다.
> 민주 한국이 나의 고향입니다.
> 몇몇이 잘살던 시대에서 우리 모두가 잘사는 시대로 바뀌게 됩니다.
> 조국의 앞날을 걱정하는 여러분께 세 가지 안정의 열쇠를 드립니다.
> 부패한 안정인가? 건강한 안정인가? 김대중과 함께 건강한 안정을.

한편 무소속 백기완은 "대통령이 되기 위해서가 아니라 전 민주 세력의 역량을 결집시켜 군부 독재를 타도하러 나왔다"고 강조했어. 그는 유세에서 표를 달라고 하지 않는 유일한 후보였어. 대신 김대중, 김영삼에 의한 야권 분열을 비난하면서 민주 연립 정부 구성을 제의하고 김대중, 김영삼에게 3자 회담을 제안했어.

제13대 대통령 선거는 16년 만에 이루어진 직접선거로 국민적 관심이 뜨거웠단다. 유세장마다 사람들로 넘쳐났지. 100만 명이 넘는 청중이 여의도 광장에 모일 정도였어. 후보자들 사이의 경쟁도 치열해서 이때부터 광고 전문가들이 정치 광고에 관여했어.

노태우는 파란색, 김영삼은 빨간색, 김대중은 노란색을 상징 색으로 사용했어. 최초로 TV를 통한 정견 발표가 있었지. 이때부터 여론조사가 선거에 활용됐대.

그런데 선거를 코앞에 두고 발생한 'KAL기 폭파 사건'(11월 29)은 선거 분위기를 바꾸어 놓았어. 정부 여당의 안정론에 무게를 더해 줬지. 노태우는 사건의 배후에 북한이 있음을 언급하면서 야당 후보를 공격하는 데 이용했어. 특히 12월 15일인 선거 전날 폭파범 김현희가 서울로 압송되는 장면이 톱뉴스로 방송되면서 크게 주목을 받았지. 이런 상황이 여당 후보인 노태우에게 유리하게 작용했다고 선거 전문가들은 말한단다.

KAL기 폭파 사건

1987년 11월 29일 승무원과 승객 115명을 태우고 이라크 바그다드에서 출발해 서울로 향하던 대한항공 KAL 858기가 미얀마 해역 상공에서 폭파돼 탑승자 전원이 사망한 사건이야. 범인 김현희는 북한 공작원으로 밝혀졌으나 한편에선, 전두환 정권과 여당이 대통령 선거를 자신에게 유리하게 만들기 위해 안전기획부(현 국가정보원)가 만든 자작극이라는 의혹이 제기됐어. 2007년 '국가정보원 과거사건 진실규명을 통한 발전위원회'는 안전기획부의 조작설이 근거 없다는 결론을 내렸단다. 그러나 이 사건이 제13대 대통령 선거에서 여당 후보를 당선시키기 위해 정치적으로 이용됐다는 점은 사실로 확인됐어.

정권 교체에 실패하다

제13대 대통령 선거는 예상대로 높은 투표율을 보였어. 선거인 수 2587만 3624명 가운데 총 2306만 6419명이 투표해 89.2%의 높은 투표율을 보였어. 민주화 이후 처음 치러지는 대통령 선거이기에 그만큼 국민적 관심이 높았던 거야.

선거 결과 노태우는 828만여 표, 김영삼은 633만여 표, 김대중은 611만여 표를 얻었어. 노태우는 역대 대통령 선거 중 최저 득표율인 35.9%를 얻어 당선됐어. 대구, 경북, 강원도, 제주도, 충북, 경기도, 인천에서 1위를 차지했어. 김영삼은 부산, 경남에서 과반수를 얻어 1위를 하고 인천, 서울, 경북, 충북, 제주, 경기, 강원, 대구에서 2위를 차지했어. 김대중은 광주, 전남, 전북에서 최고 득표율을 기록하고 서울에서도 1위를 차지했어.

13대 대통령 선거는 지역주의 투표 현상이 심화된 선거였어. 당선자의 득표율이 35.9%에 불과해 대표성 논란이 일기도 했어. 그리고 김영삼과 김대중의 득표율을 합하면 53.9%로 충분히 정권 교체를 이

<표 48> 제13대 대통령 선거 결과

시도	노태우		김영삼		김대중	
	득표수	비율(%)	득표수	비율(%)	득표수	비율(%)
서울	1,682,824	29.4	1,637,347	28.6	1,833,010	32.0
부산	640,622	31.6	1,117,011	55.1	182,409	9.0
대구	800,363	69.7	274,880	23.9	29,831	2.6
인천	326,186	38.7	248,604	29.5	176,611	20.9
광주	22,943	4.7	2,471	0.5	449,554	93.4
경기	1,204,569	40.6	800,274	27.0	647,934	21.8
강원	546,569	57.9	240,585	25.5	81,478	8.6
충북	355,222	45.6	213,851	27.4	83,132	10.6
충남	402,491	25.4	246,527	15.6	190,772	12.0
전북	160,760	13.7	17,130	1.4	948,955	80.9
전남	119,229	7.9	16,826	1.1	1,317,990	87.9
경북	1,108,035	64.8	470,189	27.5	39,756	2.3
경남	792,757	40.3	987,042	50.2	86,804	4.4
제주	120,502	48.4	64,844	26.0	45,139	18.1
합계	8,282,738	35.9	6,337,581	27.4	6,113,375	26.5

참조 : 중앙선거관리위원회, 『대한민국 선거사』 제4집, 578쪽

룰 수 있었기에 후보 단일화에 대한 아쉬움도 남은 선거였지.

10장

제14~18대 대통령 선거

———

1992~2012년,
우리의 선거,
우리의 시대

"이번에는 바꿔 보자"

1988년 4월 국회의원 선거에서 민주정의당 87명, 평화민주당 54명, 통일민주당 46명, 신민주 공화당 27명이 당선돼 여소야대 국회가 형성됐어. 여기에다 국민들의 민주화 요구가 겹치자 노태우는 1990년 2월에 통일민주당의 김영삼, 신민주공화당의 김종필과 3당 통합을 발표했어. 민주자유당(민자당)이라는 거대 여당이 출현한 거야.

이런 가운데 1992년 치러진 제14대 대통령 선거에 민자당 김영삼, 민주당 김대중, 통일국민당 정주영, 새한국당 이종찬, 신정치개혁당 박찬종, 정의당 이병호, 무소속 김옥선, 무소속 백기완이 후보로 등록했어. 김영삼은 노태우 정부와의 연속성보다는 민간 정부라는 차별성을 보임으로써 새로운 이미지를 만들려고 했고 "땀 흘리는 사람들이 잘사는 나라", "정직한 사람들이 주인인 신한국 창조"를 강조했어. 평화민주당은 3당 합당에 가담하지 않은 통일민주당 의원들을 흡수해 1991년 9월에 민주당으로 통합했어. 민주당은 정권 교체를 목표로 했고, 선거 운동 과정에서 3당 합당의 부당성을 강하게 지적했지. 김대중은 강한 이미지를 바꾸기 위해 부드러운 미소와 화합을 강조했어.
공약도 '화합'을 키워드로 하여 거국 내각 구성과 대사면 실시를 내세
웠단다. 전교조의 합법화, 초등학교 급식 및 중학교 전면 의무 교육,
고용 보험제도 실시 따위의 사회적 약자들을 고려하는 정책에 중점을
두었지.

통일국민당의 정주영은 김영삼의 국가 경영 능력 부족과 김대중의
급진적 정치 성향을 문제점으로 지적했어. 수도권 아파트 값을 절반으
로 낮추고, 경제 구조를 중소기업 위주로 전환하고 금융 실명제와 토지
실명제를 실시하겠다는 주장을 펴 국민들의 관심을 끌었단다.

김영삼은 "신한국 건설"을, 김대중은 "이번에는 바꿔 보자"를, 정주
영은 "경제 대통령 통일 대통령"을, 박찬종은 "깨끗한 정치의 구현"을,
무소속 백기완은 "세상을 바꾸자"를 구호로 내세웠어.

각 후보들은 제13대 대통령 선거 때와 같은 대규모 유세보다 소규

<그림 54> <그림54-1> 제14대 대통령 선거 벽보

모 선거 운동 방식을 선택했어. 유권자의 관심을 끌기 위해 여러 가지 아이디어가 등장했고 연예인도 등장했단다. 첨단 장비들도 유세전에 투입됐는데, 민자당은 영상광고 차량을 배치해 후보의 연설 모습을 유세장 바깥에서도 볼 수 있도록 했어. 민주당은 유세용 특별 버스를 마련했는데 무선 전화기, 이동 통신용 팩시밀리 등이 장착되어 있었어. 통일국민당은 현대정공이 자체 생산한 헬기를 타고 다니면서 세를 과시하는 전략을 구사했어. 선거법은 대중 매체를 적극적으로 활용하는

<표 49> 14대 대통령 선거 결과(%)

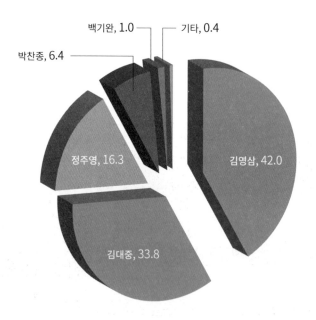

참조 : 중앙선거관리위원회, 『대한민국 선거사』 제5집, 521쪽

방향으로 개정됐어. 그럼에도 각 후보들이 제시한 정책은 기대에 미치지 못했단다.

선거 결과 민자당의 김영삼 후보가 42%의 지지를 얻어 당선됐어. 5·16 군사 쿠데타 이후 30여 년 만에 민간인 출신 대통령의 탄생이라는 점에서 의미가 있었지.

이 선거에서는 인물 대결, 지역감정, 금권 공방, 색깔 논쟁이 두드러졌어. 대표적인 게 이른바 '초원복집 사건'이야. 당시 김동길 통일국민당 선거대책위원장은 12월 15일 기자 회견에서 이 사건을 폭로했어. 선거를 앞두고 김기춘 전 법무부장관이 김영삼 후보 당선을 위한 모의를 하지. 부산시장과 부산경찰청장을 포함한 기관장들이 초원복집에 모여 이런 얘기를 해. "이번 대선에서 경남, 부산이 발전할 기회를 못 잡으면 영 파이다", "민간에서 지역감정을 불러일으켜야 해"라며 노골적으로 지역감정을 부추기고 신문사 간부들을 매수하고, 유세장에 인원을 동원하기로 한 거야. 그러나 주모자 김기춘은 물론 이 사건과 관련된 기관장들은 모두 무혐의로 처리됐어. 게다가 부산, 경남에서 김영삼을 더 많이 지지한 것으로 나타나 지역주의의 심각성을 다시 한 번 일깨우는 계기가 되었단다.

3김 청산이냐
정권 교체냐

1997년 말 우리나라는 금융 위기를 겪게 된단다. 기업들이 연이어 도산하고 실업자들이 급증하는 상황에서 국제통화기금(IMF)의 지원을 받게 되지. 정부는 긴축 통화, 금융 개혁, 부실 금융 기관 폐쇄, 자본 자유화 따위를 받아들이는 조건으로 구제 금융을 받았어. 김영삼 대통령의 지지도는 바닥으로 떨어졌고 이런 상황에서 제15대 대통령 선거를 치러야 했지. 경제 살리기가 최대 쟁점으로 등장한 것은 당연한 일이었어.

새정치국민회의와 자유민주연합은 공조하면서 김대중을 후보로 확정했어. 당시 여당인 신한국당은 대통령 후보 경선에서 이회창이 당선됐는데 아들 병역 면제 의혹으로 지지도가 뚝 떨어지자 후보 경선에서 2위를 한 이인제 경기지사가 탈당해 독자 출마했어. 여당은 분위기 쇄신을 위해 11월에 한나라당을 창당하고, 대통령 후보는 이회창, 당 총재는 조순이 맡았어.

이때는 옥외 집회를 제한하고 TV를 홍보에 적극 활용하도록 선거

<그림55> <그림55-1> 제15대 대통령 선거 벽보

법이 개정된단다. 이른바 '방송 정치' 시대가 열린 거야. 대통령 후보들
의 TV 토론은 많은 관심을 받았단다. 이회창, 김대중, 이인제의 마지막
합동 토론은 54% 이상의 시청률을 기록할 정도였어.

〈표 50〉은 제3차 합동 토론회 내용 일부를 제시한 거야. 이 외에도
통신 시장 개방, 과학기술 예산, 국민연금 제도 개선, 그린벨트 문제, 위
성방송 활성화, 일본 대중문화 수입 따위의 문제도 논의됐어.

이회창은 "깨끗한 정치 튼튼한 경제", "3김 청산"을, 김대중은 "정권
교체"를 핵심 구호로 준비하고 "준비된 대통령, 경제 대통령"을, 이인
제는 '젊음'을 부각시켜 "세대교체"를, 권영길은 "일어나라, 코리아"를
구호로 내세웠어.

주요 선거 쟁점 중 하나는 정치자금이었어. 1997년 상반기에 새정
치국민회의와 자유민주연합이 김영삼 대통령의 제14대 대통령 선거

<표 50> 3차 합동 TV 토론에서 제시된 사회 문화 분야 정책 이슈

논쟁 주제	이슈 제기자	내용
전자주민 카드제	김대중	사생활이나 비밀 보호가 중요, 사회적 공감대가 충분히 형성된 뒤 점진적 시행
	이인제	원칙적으로 반대, 정부 편의나 행정 능률만 고려하고 사생활은 무시하는 경향이 있다고 지적
사회복지 예산 실업	이회창	노사 신협약을 통한 일자리 확보 강조, 일자리는 줄이지 않고 급여를 줄여야 한다고 지적
	김대중	실업을 방지하는 것이 중요, 반 년간 임금 동결, 노인 장애인 일자리 알선
	이인제	복지 예산은 삭감치 않거나 최소한에 그쳐야 하고, 대신 국책 사업 예산을 감축
영화음반 사전검열제도	이회창	사회 규범이나 상식에 반할 경우 사후 규제 필요
	김대중	문화에 대한 검열은 사전 검열이건 사후 검열이건 반대
	이인제	철폐하는 것이 옳다, 사회 보편적 가치를 벗어날 경우 사후 규제 가능

참조 : 정봉성(2004), 121~122쪽.

자금 공개를 요구하면서 쟁점으로 떠올랐지. 그해 10월 신한국당이 김대중 후보의 비자금 조성 의혹을 제기하면서 파란을 일으켰지. 검찰은 이 사건에 대한 수사 유보를 발표했어. 이 밖에도 IMF 사태 책임 공방과 재협상 논란, 이회창 후보 두 아들의 병역 면제 의혹 논란, 청와대의 이인제 지원 의혹, 북풍 논란 등이 있었지.

선거 결과는 김대중 후보의 당선이었어. 유권자의 80.7%가 투표를 한 가운데 40.3%를 득표했지. 전라도에서 90%를 넘는 지지를 얻었고, 충청도를 기반으로 한 자유민주연합과의 공조 덕분에 충청도와 수

<표 51> 제15대 대통령 선거 결과(%)

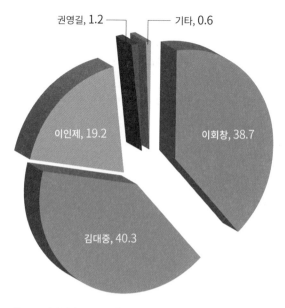

참조 : 중앙선거관리위원회, 『대한민국 선거사』 제6집, 434쪽

도권에서도 많은 표를 얻었어. 이회창은 경상도와 강원도에서 높은 득
표율을 기록했지. 김대중의 대통령 당선은 평화적 정권 교체의 계기가
됐어. 그러나 안타깝게도 지역주의가 고착되면서 오늘날까지 한국 정
치 발전의 큰 장애 요인이 되고 있지.

선거는 끝났지만 1997년 말 터진 외환 위기로 국제통화기금 관리
체제에 놓이면서 한국 사회도 신자유주의 시장 경제체제로 깊숙이 들
어가게 됐어. 한편 김대중 정부의 대북 햇볕 정책과 2000년 6월 열린
남북 정상 회담은 한반도가 탈냉전 구도로 전환하는 계기가 되었다는
평가를 받았지.

인터넷의 등장과 '낡은 정치' 청산

2002년 제16대 대통령 선거는 새로운 정치 환경 속에서 치러졌어. 1987년 체제를 이끌었던 김영삼, 김대중, 김종필의 3김 시대를 대신해 새로운 인물이 유력한 대통령 후보로 나서게 된 거야.

정권 후반기 대통령의 자녀까지 연루된 각종 비리 사건이 불거져 나오면서 여당인 새천년민주당과 김대중 정부는 정치적으로 심각한 위기에 직면했어. 대선을 앞두고 당시 야당 후보인 이회창 대세론이 형성되었지.

제16대 대선의 주목할 만한 특징은 국민 참여 후보 경선 제도의 도입이야. 대통령 후보를 선출하는 과정에 당원이 아닌 일반 유권자들의 참여를 허용하는 것으로 미국의 예비 선거를 참고해 만든 거야.

3월 9일 제주도에서 시작된 민주당의 대통령 후보 경선 대회는 7인의 후보가 참여해 서울 지역 경선(4월 27일)까지 약 50일의 일정으로 전국에서 진행됐어. 노무현이 누적 득표율 72.2%로 국민의 관심을 받으며 민주당의 대선 후보가 됐어.

<그림56> <그림56-1> 제16대 대통령 선거 벽보

　야당인 한나라당 역시 국민 참여 경선 제도를 실시했어. 그런데 민주당과 달리 이회창의 대통령 후보 선출이 거의 확실했기에 관심을 모으지 못했지. 이회창은 새로운 공약을 제시하기보다 집권당의 실정을 비난하는 전략을 선택한 반면, 노무현은 '낡은 정치' 청산을 주장했어.

　그런데 월드컵 개최(5월 31일~6월 30일)를 계기로 당시 대한축구협회 회장이던 정몽준의 인기가 갑자기 오르면서 삼자 대결 구도가 된단다. 이에 국민통합 21의 정몽준과 새천년민주당의 노무현은 단일화에 합의했어. 그 결과 노무현이 단일 후보로 추대됐고 이 과정은 전국민의 관심을 끌었지. 〈표 52〉는 이회창과 노무현의 지지율을 나타낸 거야. 노무현의 지지율은 11월 25일에 43.5%로 11월 10일(22.1%)부터 11월 25일까지 21.4%나 상승했어.

　이때의 주요 쟁점은 북핵 2차 위기 발생에 따른 대북 정책의 방향,

<표 52> 제16대 대통령 후보들의 지지율(%)

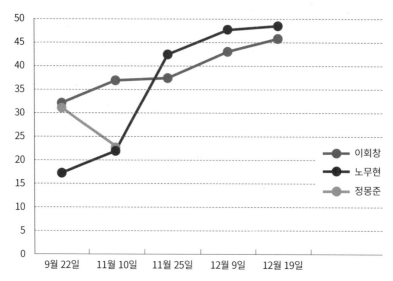

참조 : 정봉성(2004), 140~141쪽

미군 장갑차에 의한 효순이 미선이 사망 사건(2002년 6월 13일) 이후 미군 관계자의 무죄 평결에 따른 SOFA(주한 미군 지위 협정) 개정, 국정원 도청, 행정수도 이전 등이었어. 소파 개정 문제를 두고는 11월 말 대규모 촛불 시위가 일어나면서 사회적으로 큰 파장을 일으켰지.

11월 20일과 22일, 효순이 미선이 사망 사건의 가해자인 미군 2명이 미 군사 법정에서 모두 무죄로 판결 났어. 그 뒤 시민들의 시위는 격화됐고 SOFA 전면 개정을 요구하는 목소리도 높아졌어. 아마도 유권자들은 이 사건을 계기로 한미 관계를 되돌아봤던 것 같아.

선거 닷새를 남긴 12월 14일에는 부시 미 대통령의 사과에도 촛불

<표 53> 여중생 사망 사건 일지

일자	내용
6. 13	오전 10시 45분쯤 경기도 양주군 광적면 효촌리 56번 지방도에서 중학생인 신효순, 심미선이 미 2사단 무한궤도 차량에 치여 현장에서 사망
6. 19	한미합동 조사결과 발표
6. 26	미군 장갑차 여중생 고 신효순 심미선 양 살인 사건 범국민 대책위원회 결성
6. 27	여중생 유가족 사건 관련 미군 고소
7. 10	법무부 미군 측에 재판 관할권 포기 요청
7. 30	주한 미 대사 한국 국방부 장관에 사과
8. 2	콜린 파월 미 국무장관 한국 외교부 장관에 사과
8. 7	미군 한국 정부의 재판권 이양 요청 거부 통보
9. 13	유족에게 배상금 지급
11. 16	부시 미국 대통령 여중생 사망 사과의 뜻 전달
11. 18	무한궤도 차량 운전병, 관제병에 대한 미 군사법원 재판 시작
11. 20	미 군사법원 배심원, 관제병 페르난도 니노 병장 무죄 평결
11. 22	미 군사법원 배심원, 운전병 마크 워커 병장 무죄 평결
11. 27	부시 미 대통령 주한 미국 대사 통해 간접 사과
11. 28	네티즌 앙마, 인터넷에 촛불 시위 제안
11. 30	광화문 대규모 촛불 시위 시작
12. 2	여중생 범대위 방미 투쟁단 미국으로 출국
12. 3	이회창, 노무현 후보 SOFA 개정 요구
12. 7	광화문 촛불 시위 5만 명 시위
12. 10	미국 국무부 여중생 사건에 유감 표명
12. 13	LA 뉴욕 시카고 여중생 추모 촛불 시위
12. 14	전국 30만 명 촛불 시위 참여 전국적 개최

참조 : 정봉성(2004), 273쪽

집회에는 최대 인파가 참여했어. 위 〈표 53〉은 여중생 사망 사건 일지야.

노무현은 당 조직만이 아니라 '노무현을 사랑하는 사람들의 모임(노사모)' 같은 조직을 적극적으로 이용했어. 당시 인터넷과 휴대 전화를

이용한 선거 운동이 활발했어. 당일 휴대 전화로 투표 독려가 이루어
짐으로써 당선에 상당한 영향을 미쳤단다. '노무현의 눈물'로 묘사되
는 방송 홍보는 효과적으로 지지를 이끌어 냈어. 노무현은 '희망 돼지
저금통'을 이용해 일반 국민으로부터 50억여 원의 선거 자금을 모으는
획기적인 방법도 동원했어.

2002년 대통령 선거는 노무현의 승리로 끝났어. 유권자의 70.8%
가 투표한 가운데 48.9%의 표를 얻었지. 이 선거에는 한나라당의 이
회창, 민주당의 노무현, 민주노동당의 권영길, 하나로연합의 이한동,

<표 54> 15대 대통령 선거 결과(%)

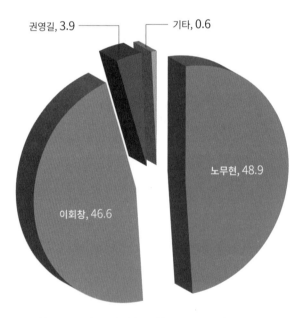

권영길, 3.9

기타, 0.6

노무현, 48.9

이회창, 46.6

참조 : 중앙선거관리위원회(http://www.nec.go.kr)

사회당의 김영규, 호국당의 김길수 등 총 5명의 후보가 참여했어. 이 회창과 노무현을 제외한 나머지 후보들이 얻은 득표율은 유효 투표의 5%에도 미치지 못했어.

노무현은 호남 지역에서 90%가 넘는 득표율을 올렸을 뿐만 아니라 부산, 대구, 울산, 경남에서도 일정한 지지를 받았어. 영남 출신의 민주당 후보였던 노무현은 성공적으로 탈지역주의적인 정치인으로 자신을 상징화함으로써 영남 지역에서도 상당한 수준의 지지를 끌어낼 수 있었어.

제16대 대통령 선거는 인터넷이라는 새로운 매체의 활약이 두드러졌어. 노사모의 등장, 월드컵의 거리 응원, 촛불 시위는 모두 인터넷 때문에 가능했어. 인터넷의 보급률과 이용률이 높아짐에 따라 그 영향력이 증가했단다. 선거 과정에서 정치인도 인터넷을 적극적으로 활용했지. 후보자들은 홈페이지를 만들어 홍보에 나섰고, 주요 정당들도 인터넷으로 선거 운동을 했어.

국민이 행복한 세상

노무현 대통령은 국회에 자율성을 부여했고, 사법부에 압력을 가하지 않았으며 국가정보원·검찰·경찰의 정치적 중립성을 유지하려 했지. 그리고 각종 위원회를 만들어 과거사 청산에도 열심이었어. 그러나 김대중 정권의 신자유주의 정책을 이어받아 정리 해고를 합법화하고, 파견 근로제를 도입해 노동의 유연화를 만들었고, 한미 FTA 체결을 서둘렀어. 그 결과 사회를 지탱하는 중산층이 줄어들고 대신에 양극화가 심해졌지.

양극화의 심화는 불안과 박탈감을 가져왔어. 사람들을 사로잡은 말은 "대박 나세요"였어. 제17대 대통령 선거에서도 이런 사회 상황이 그대로 반영되었단다. 야당 후보였던 한나라당의 이명박은 "국민 여러분 성공하세요", "실천하는 경제 대통령" 따위의 구호를 내걸었어. 대통합민주신당 정동영은 "가족이 행복한 나라" 민주노동당 권영길은 "서민과 저소득층을 위한 나라" 창조한국당 문국현은 "사람중심 진짜 경제"를 내걸었지만 "성공하세요"에 밀려났지.

<그림 57> 이명박 후보의 선거 벽보

<표 55> 제17대 대통령 선거 결과(%)

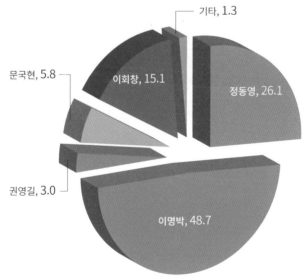

참조 : 중앙선거관리위원회(http://www.nec.go.kr)

이명박은 서울시장으로 있을 때 버스 체계를 개편하고 청계천을 복원하면서 큰 인기를 얻었어. 후보 경선 과정에서 친인척이 관여한 부동산 투기 의혹, BBK 관련 주가 조작 의혹, 도곡동 땅 문제 따위가 붉어져 나왔지만 지지율은 흔들리지 않았어.

2007년 제17대 대통령 선거의 총 투표율은 63.0%로 역대 대통령 선거 중 가장 낮았어. 이명박은 근소한 차이로 당락이 결정되었던 이전 선거에 비해 48.7%의 득표로 야당 후보인 정동영에게 22.6%라는 큰 차이로 당선되었어. 그러나 대통령 재임 기간 중 경제 성장률 7%, GDP 4만 달러, 세계 7대 경제 대국 입성이라는 747 공약은 휴짓조각이 됐지. 오히려 비정규직과 청년 실업률만 엄청나게 늘어났어.

뒤이은 2012년 제18대 대통령 선거에서 한나라당(뒤에 새누리당으로 개명) 후보는 박근혜였어. 아버지 박정희의 인기에 힘입어 견고한 지지층을 확보하고 있었지. 그런데 2011년 하반기에 20대에 강한 지지층을 가진 안철수라는 변수가 출현하면서 대선 정국은 안갯속으로 빠져들었단다. 민주통합당 후보는 문재인으로 확정됐고 후보 단일화를 논의하던 중 안철수가 사퇴하면서 박근혜와 문재인의 대결로 압축됐어.

당시 여당이던 새누리당 박근혜는 붉은 악마에서 모티브를 얻어 빨간색을 사용했어. 선거 포스터나 TV 토론에서도 붉은색 재킷을 입었지. 민주통합당의 노란색은 문재인 후보의 선거 운동 현장에서 눈에 띄었고 녹색은 유세장 연단 색으로 많이 쓰였어.

민주통합당 문재인은 "사람이 먼저인 대한민국으로"라는 구호와 함께 '문재인의 10대 공약'을 중심으로 한 '국민과의 약속 119'를 제시했어. 10대 공약은 사람 경제, 경제 민주화, 복지 국가와 성 평등 사회, 국민이 주인인 정치, 평화 번영의 북방 경제, 안전한 국민, 미래를 여는 혁신 교육, 과학기술과 문화 강국, 지방 분권과 균형 발전, 지속 가능한 환경과 농업이었어.

새누리당 박근혜는 "세상을 바꾸는 약속, 책임 있는 변화"라는 기치 아래 '국민 행복 10대 공약'으로 '중산층 70% 재건 프로젝트'를 중심에 두었어. 박근혜는 3차 토론에서 다음과 같이 주장했어.

> 저는 중산층의 재건을 가장 중요하게 생각하고 그것을 위해서 국민 행복 10대 약속을 발표했습니다. 그중에서도 경제 민주화, 복지, 일자리를 3대 핵심 과제로 삼았습니다. 첫째, 경제 민주화를 통해서 공정하고 투명한 시장 경제 질서를 확립하겠다는 것이 저의 생각입니다. (…) 둘째로는 (…) 창조경제로 좋은 일자리를 많이 만들고 근로자 정년을 60세로 올리고 또 해고 요건도 강화해서 지금의 일자리를 지키겠습니다. (…) 셋째로 생애 주기별 맞춤형 복지 제도를 확립하겠습니다. (…) 그래서 이런 정책들의 최종 목표는 우리나라의 중산층을 70% 이상까지 끌어올리겠다는 것입니다.

박근혜는 경제 민주화를 첫 번째 공약으로 내세우고 있으며 그 내용도 경제적 약자를 돕고 균형 성장을 추진한다고 했어. 복지 이슈에도 박근혜는 적극적인 모습을 보였어. 제18대 대통령 선거에서는 경제 민주화가 박근혜의 대표 공약으로 알려졌어.

유권자의 75.8%가 투표한 가운데 박근혜는 과반 이상의 51.6%라

<그림 58> 박근혜 후보의 선거 벽보

<표 56> 제18대 대통령 선거 결과(%)

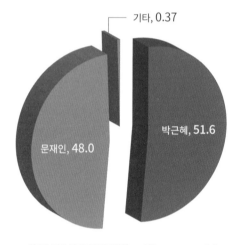

기타, 0.37

박근혜, 51.6

문재인, 48.0

참조 : 중앙선거관리위원회(http://www.nec.go.kr)

는 득표로 당선됐어. 중산층 재건이라는 이슈가 노후가 불안한 50대의 표를 끌어당긴 것 같아. 50대와 60세 이상은 82.0%와 80.9%로 20대의 68.5%, 30대의 70%보다 높은 투표율을 보였는데 이는 박근혜의 당선으로 이어졌대.

그런데 박근혜의 임기 동안 모든 국민이 행복해지기는커녕 삶은 점점 힘들어졌지. 세월호 참사 같은 일들이 벌어지면서 가장 기본적인 권리인 국민의 생명과 안전도 보장받지 못했지. 경제 민주화와 중산층

재건을 약속했던 박근혜는 국정 농단으로 인해 결국 2017년 3월 10일 헌법재판소 재판관 전원 일치로 탄핵이 인용되어 대통령 직에서 파면 당했어. 대한민국 역사상 처음 있는 일이지. 그리고 2017년 5월 9일 제 19대 대통령 선거를 치르게 되었어.

지금까지 1948년부터 2017년 4월까지 역대 대통령 선거를 통해 현대사를 살펴보았어. 이를 통해 우리가 살아가고 있는 대한민국이 어떻게 변화했는지 민주주의가 어떤 과정을 거쳐 발전했는지 느낄 수 있었을 거야. 우리는 앞으로 또 어떤 대통령을 만나게 될까?

<표 57> 역대 대통령 선거 현황과 득표율

선거	선거일	당선자	선출방식	투표율(%)	득표율(%)
1대	1948년 7월 20일	이승만	국회 선출	99.0	91.8
2대	1952년 8월 5일	이승만	직접 선출	88.1	74.6
3대	1956년 5월 15일	이승만	직접 선출	94.4	70.0
4대	1960년 3월 15일	이승만	직접 선출-하야	97.0	88.7
	1960년 8월 12일	윤보선	국회 선출	98.5	82.2
5대	1963년 10월 15일	박정희	직접 선출	85.0	46.6
6대	1967년 5월 3일	박정희	직접 선출	83.6	51.4
7대	1971년 4월 27일	박정희	직접 선출	79.8	53.2
8대	1972년 12월 23일	박정희	통일주체 국민회의	100	99.9
9대	1978년 7월 6일	박정희		99.9	99.9
10대	1979년 12월 6일	최규하		99.6	96.7
11대	1980년 8월 27일	전두환		99.4	99.9
12대	1981년 2월 25일	전두환	선거인단	99.9	90.2
13대	1987년 12월 16일	노태우	직접 선출	89.2	35.9
14대	1992년 12월 18일	김영삼	직접 선출	81.9	42.0
15대	1997년 12월 18일	김대중	직접 선출	80.7	40.3
16대	2002년 12월 19일	노무현	직접 선출	70.8	48.9
17대	2007년 12월 19일	이명박	직접 선출	63.0	48.7
18대	2012년 12월 19일	박근혜	직접 선출-탄핵	75.8	51.6

대통령 취임사로 읽는
시대정신

1948년부터 2017년 4월까지 18번에 걸쳐 대통령이 취임했어. 그때마다 취임사가 있었지. 여기에서는 대통령이 어떤 말을 했는지, 현실을 어떻게 파악했는지 그리고 어떤 문제를 과제로 제시했는지 취임사를 통해 알아보려고 해. 그러면서 우리의 과거 역사를 돌아보는 것도 뜻 깊을 것 같네.

■ 1948년 제1대 대통령 이승만

대통령으로 취임한 이승만은 "하나님의 은혜와 동포의 애호로 지금까지 살아 있다"는 인사말을 전했어. 취임사에는 총선거와 국회의 구성, 헌법과 정부 조직법 제정의 상황, 국무총리와 국무위원의 자격 조건, 대한민국의 승인, 북한 문제, 대외 관계 따위의 내용을 담고 있어. 국무위원이 될 인물은 "무슨 책임을 맡기든지 작은 데서 성공해서 차차 큰 자리에 오르기를 도모하는 분들이 많아야" 함을 강조했어. 직책에 구애받지 말고 맡긴 일을 열심히 하라는 당부야. 이어서, 의로운 사람과 불의한 사람을 구분하고 불의한 사람을 물리쳐야 한다며 대한민국 정부의 기본 윤리를 제시했어. 민중이 의로운 사람과 불의한 사람을 구분하라고 부탁했단다.

그런데 실제로 대통령 재임 기간인 1948년부터 1952년까지 의로움이 지켜졌을까? 그렇지 않은 것 같아. 당시 가장 중요한 일은 친일 반민족 행위자의 처벌이었는데 제대로 진행되지 않았지. 오히려 대통령은 반민족행위 특별조사위원회의 활동을 방해했어. 과거 경험에 비추어 의로운 자는 당연하게 민족 해방 운동, 독립운동을 한 사람들이고 불의한 자는 친일파였지만, 이런 구분이 제대로 되지 않았거든. "새 나라를 건설하는 데는 새로운 헌법과 새로운 정부가 필요하지만 새 백성이 아니고 결코 될 수 없는 겁니다"라고 강조했는데 실제 정치는 그러지 못했어.

■ 1952년 제2대 대통령 이승만

취임사에서 이승만은 여러 곳에 인사말을 전하며 정부 일은 쉬운 일이 아니고 앞으로도 쉽지 않을 것이라 했어. 그리고 국민에 이렇게 당부했지.

> 우리 사랑하는 (대한)민국이 이 위험한 때를 당해서 정부 관료나 일반 평민이나 너 나를 물론하고 누구나 각각 나라의 직책과 민족의 사명 외에는 다른 것은 감히 복종할 생각도 못할 것입니다. 우리 생명도 우리의 것이 아닙니다. (…) 우리의 최선을 다해야 할 것입니다. 밖에서 노력해서 이남이북

의 우리 국민을 먹여 살릴 일을 하던지 전쟁에 나가서 악독한 원수를 쳐 물리치든지 정부에서 무슨 직책을 맡아 진행하던지 각각 실수하거나 실패하고는 아니 될 것입니다.

전쟁이 일어나면 나라를 먼저 생각하고 희생하라는 당부는 당연한지도 모르겠어. 그래도 지도자로서, 대통령으로서 참으로 인색하다는 생각이 드네. 전쟁으로 가족을 잃은 사람들, 집과 재산을 잃고 먹거리를 구하려 다니는 사람들, 폭력으로 다친 사람들, 고아나 상이군인들에게 위로의 한마디는 해야 하지 않을까? 전쟁으로 상처입은 국민에게 따뜻한 한마디를 하고 의무를 강조해도 되잖아.

국민을 돌보겠다는 말 대신 공산 제국주의에 맞서 자유세계가 단결해 승리할 것이라는 점을 강조했단다. 그리고 자신이 책임져야 할 부산에서의 정치파동 사태에 대해 "외국 기자들이 정치적 원수들의 말을 듣고 벌어진 것"이라며 "대통령 선거권을 국회에 맡겨 주지 않고 민중의 직접 투표로 행하게 되었으므로 민주 정체와 주의가 굳건해졌다"고 했어. 또 "국민은 모든 생각이나 주장을 버리고 일심 협력하라"고 말했지.

■ **1956년 제3대 대통령 이승만**

제3대 대통령 취임사는 대통령으로서 현실 파악과 전망을 제시하고 있어. 눈앞에 닥친 문제는 통일과 공산당과 친밀한 관계를 유지하려는 일본이라며 지난 8년간(1948~1955년) 성취는 민주 정체의 진보와 삼권 분립의 발전, 사회 교육의 진전, 농지 개혁의 성공, 미국의 원조와 재건 이라고 나열했단다. 이런 성취를 기반으로 5년간 계획을 제안했어.

첫째는 중소기업의 발전인데 이는 중소기업에 대한 융자와 귀속 재산 불하로 가능하다고 했지. 둘째는 정치와 관련 없는 전국농민회를 조직한다고 했어. 셋째는 환율 안정과 곡물의 생산량 증가로 경제 안정을 이룰 거라 했어. 이런 모든 일들이 성공하려면 "희생적 정신으로 합동해서 전력을 다하며 나라를 먼저 도와야 한다"고 강조했단다. 이전과 달리 전망과 정책을 제시했는데, 잘 실현됐을까?

우선 일제 강점기 일본이 소유했다가 돌려받은 귀속 재산은 헐값으로 대개 관리인이나 자유당 정치인 등에게 주었어. 그 과정에서 특혜가 심했지. 예를 들면, 조선방직 대구공장은 1947년 30억 환 정도로 평가받던 방직 공장이었는데 정부는 불하 가격을 7억 환으로 결정했어. 실제 불하 가격은 그 반값인 3억 6000만 환이었대. 이것도 7년부터 15년까지 분할 상환이었으니 거저 주는 거나 다름없었어. 1950년대 대기업 가운데 불하된 귀속 기업체는 40%에 달했단다. 중소기업의 발전과 거리가 멀었던 거야.

전국농민회를 정치와 관련 없는 순수한 농민 단체로 만들겠다고 했는데 그렇게 해서 생겨난 게 농업협동조합(농협)이었어. 그런데 농민의 이익 보호와 거리가 멀었단다. 조합원 예금을 자금으로 인정하지 않고 조합원인 농민이 돈을 쓰려면 은행에서 빌려야 했지. 농협은 농민의 자치 조직으로서 전혀 기능하지 못했어.

■ 1960년 제4대 대통령 윤보선

대통령으로 취임한 윤보선은 인사말을 하고 새로운 정부를 '국민의 정부'라고 했어. 제2공화국은 4월 혁명의 정치적 자유의 유산을 물려받았다며 경제 제일주의와 부패를 제거하는 과감한 혁신 행정의 수행, 외교 정책의 혁신 따위를 제안했단다. 특히 "외교란 협상과 거래를 사명으로 하여 한 국가의 실질적 이익을 중심으로 타국과의 대립되는 이익을 평화적 수단으로 조정하는 것"이라며 이승만의 외교는 기만적 외교라 평가했어.

취임사에는 국민의 의무를 강조하기보다 '혁신', '민주주의'라는 용어가 다른 때보다 많이 사용됐어. 4월 혁명의 정신을 이어간다는 점을 알리기 위해서였겠지.

■ 1963년 제5대 대통령 박정희

박정희의 취임사 첫 문장은 이렇게 시작됐어.

단군 성조가 천혜의 이 강토 위에 국기를 닦으신지 반만년, 연면히 이어온 역사와 전통 위에, 이제 새 공화국을 바로 세우면서, 나는 국헌을 준수하고 나의 신명을 조국과 민족 앞에 바칠 것을 맹서하면서, 겨레가 쌓은 이 성단에 서게 되었습니다.

첫 문장에 단군, 조국, 겨레, 민족, 성단, 전통이라는 단어가 사용됐어. 박정희 정권 때 가장 많이 사용된 단어는 민주주의, 자유, 평등보다 아마도 '조국'일 거야. 인사말을 하고 '조국'의 역사를 설명하고 '조국의 근대화'를 제기했단다. 이를 위해 혁신 운동을 제기했는데, 혁신 운동은 개인의 정신 혁명과 정치 정화 운동을 전개해야 가능하다고 했어. 그래서 새 정부는 윤리 규범을 마련해 극단적 대립 의식을 없애고 여야의 협조를 통해 정치 질서를 바로잡겠다고 했단다.

> 대혁신 운동은 대중 사회의 저변으로부터 사회적 청조 운동의 새 물결을 이끌어 들여, 이 모든 오염과 악풍을 세척하고, 선대가 평화 속에 이루었던 전원적 향토를 되찾아 선린과 융화의 새 사회 건설을 촉진시킬 것입니다. 그리하여 신의와 '건전한 상식'이 지배하며, 노력과 대가가 상응하는 형평의 사회, 성실한 근로만이 영예롭게 살 수 있는 사회를 이룩할 것입니다.

박정희는 신의, 상식, 노력과 대가의 상응, 성실한 근로는 새로운 사회를 지탱하는 윤리라며 이를 유지하기 위해 국민은 "정부로부터의 시혜를 기대하기에 앞서 의무를 다하라"라고 했어. 경제개발 5개년 계획을 추진하는 데에 가장 중요한 가치는 '협조'와 '단결'이라며 국민들은 "목표를 향하여 인내와 자중으로 성실하고 근면하게 살아나가는 근로 정신의 소박한 생활인으로, 착실한 성장을 꾀하는 경제 국민이 되어야 한다"고 강조했단다. '조국 근대화'라는 과제를 실현하기 위한 정신 개조만 강조할 뿐 현실 파악과 전망은 언급되지 않았어.

■ 1967년 제6대 대통령 박정희

제6대 대통령 취임사도 '단군 성조'로 시작했단다. 선거 과열로 사회가 혼탁하다며 빈곤, 부정부패, 공산주의가 한국의 적이라고 지적했어. 이를 해결하기 위해 "근로와 실무에 밝고 충실하며 우리 주변의 사소한 구석구석을 눈여겨 개선하고 사회생활에 윤리와 질서를" 중시해야 한다고 했어.

또한 "경제 건설 없이는 빈곤의 추방"이나 "실업과 무직을 추방할 수도 없"고, "통일을 이룩할 수도 없다"고 했어. 그리고 농공 병진 정책과 국토 건설 계획을 공약으로 제시하고 이를 위해 협력, 단합하자고 했단다.

■ 1971년 제7대 대통령 박정희

취임사에서 박정희는 미국과 중국의 화해 움직임으로 분단된 조국을 평화로운 방법으로 통일하겠다는 결의를 선언했어. 그렇지만 '북괴'가 평화통일 제의를 묵살하므로 평화를 지향하는 행동을 미루자고 했지. 이어서 중화학 공업을 통한 국력 강화를 강조했어. 산업화, 민주화 초기 과정에 따르는 사회의 부조리한 현상을 시정한다며 또다시 개혁을 말했지.

우리들은 남을 탓하는 그 시간에 나 자신의 허물을 고치는 자기 정화를 생각하고, 거짓과 부정을 배격하는 그 의분으로 사치와 낭비를 몰아내고, 근면과 검소, 정직과 성실의 기풍을 일으키는 사회 혁신을 위하여 지도적 지위에 있는 사람들부터 말보다 실천을 앞세우는 조용한 정신 혁명을 전개해 나가야 하겠습니다.

가정과 직장과 사회를 연결하는 넓은 생활 영역에 걸쳐, 이러한 근대 시민의 생활 이념을 일상화하는 데 나 스스로 앞장설 것을 다짐하면서, 국민 여러분의 호응과 실천 있기를 호소합니다.

■ 1972년 제8대 대통령 박정희

취임사에서 박정희는 "우리 조국의 안정과 평화, 통일과 번영에 대한 온 겨레의 염원 속에서 마련된 이 식전이, 나에게는 막중한 책임과 숭고한 사명의 십자가를 지게 하는 헌신의 제단이며, 우리 모두에게는 조국의 밝고 희망찬 내일을 위해, 온 겨레의 뜻과 힘을 하나로 묶는 구국 유신의 대광장이라고 믿습니다"라고 했어. 5·16 이후 경제 개발 계획과 새마을 운동의 성공을 말한 뒤 새 역사의 관문에 이르렀다며 "나는 또다시 국민 여러분에게 촉구합니다. 우리는 앞으로 더 많은 땀과 더 많은 정열을 우리 조국에 바쳐야 하겠습니다"라며 국민의 희생을 요구했지. 이어서 유신을 추진하는 데에 정부와 국민의 하나됨이 필요하며 조국애로 그것이 가능하다고 말했단다.

나는 조국에 대한 사랑, 국가에 대한 충성심이 없는 사람은, 자기의 가정에서도 진정한 화목과 우애를 이룰 수 없다고 믿는 것입니다. (…) 나는 국민 한 사람 한 사람이 나와 국가를 하나로 알고, 국력 배양을 위해 총력을 기울일 때, 비로소 그 노력은 국민 각자의 안정과 번영에 직결될 수 있으며, 행복하고 명랑한, 그리고 도의가 지배하는 사회를 건설할 수 있게 된다고 믿는 것입니다.

■ 1978년 제9대 대통령 박정희

취임사는 1960, 70년대 역사를 장황하게 설명하면서 80년대를 맞이하면서 "자립 경제의 달성, 자주국방 태세의 확립, 사회 개발의 확충, 정신문화의 개발을 온 국민과 더불어 총력을 기울이겠다"고 했어. 북한과 관계를 나열한 뒤 유류 파동과 인도차이나 반도가 '적화'된 직후의 위기를 슬기롭게 극복했던 교훈을 잊지 말자며 취임사를 끝맺었어.

■ 1979년 제10대 대통령 최규하

취임사에서 최규하는 합헌적 절차에 따라 대통령에 선출되었음을 알리고 10·26 뒤의 나라 안팎의 정세를 소개했단다. 자신이 이끄는 정부를 '위기관리 정부'라면서 국가 안전 보장, 사회 안정과 공동의 안녕질서 유지, 국민 생활의 안정, 경제의 안정적 성장을 정책으로 제기했어. 잔여 임기를 채우지 않고 빠른 기간 안에 헌법을 개정해 선거를 실시하겠다고 했어. 자유에 대한 책임, 권리에 대한 의무 등이 균형을 이루도록 국민 모두가 노력해야 한다는 당부도 했지.

■ 1980년 제11대 대통령 전두환

취임사에서 전두환은 인사말을 한 뒤, 경제 성장의 부산물로 "권력을 이용하여 수십억 또는 수백억의 재산을 긁어모은 정치인이 있고 일부 부유층이 사치를 위해 낭비에 흐르는가 하면, 나만 잘 먹고 잘 살면 된다는 사고방식이 팽배하였으며 정직, 성실, 근면한 사람이 사회로부터 존경받고 대우받기는커녕 오히려 못난 사람 취급을 받았다"라고 지적했어. 80년대는 이러한 구시대의 잔재를 없애고 민주 복지 국가를 건설한다며 다음과 같은 과제를 제시했단다.

첫째, 우리 정치 풍토에 맞는 민주주의를 이 땅에 토착화하고
둘째, 진정한 복지 사회를 이룩하며
셋째, 정의로운 사회를 구현하고
넷째, 교육 혁신과 문화 창달로 국민정신을 개조하려는 것입니다.

전두환은 국민 한 사람 한 사람이 일상생활을 통해, 작게는 공중도덕을 지키는 일에서부터 크게는 국가관에 이르기까지 건전한 민주 시민으로서의 윤리관을 정립하고 생활화하는 것이 민주 사회 건설의 지름길이라 했어. 또한 복지 사회의 기반 조성은 자유 경제체제에 바탕을 두어 자유롭고 정상적 기업 활동을 최대한 보장하고, 외국의 자본과

기술을 과감히 도입하여 국제 경제력을 강화하고, 노사 협력 체제를 확립해야 한다고 했지.

"규칙을 지키지 않고, 약속을 어기고, 남을 헐뜯고, 거짓말을 하고, 불로소득을 꾀하고, 사치와 낭비를 일삼고, 돈으로 매사를 해결하려 하고, 압력으로 이권을 청탁하는 등의 폐습을 우리 일상생활 주변에서부터 하나씩 고쳐 가려는 마음가짐, 이것이 바로 새 가치관인 것입니다"라며 새로운 시대를 여는 데 국민들의 의식 구조도 바뀌어야 한다고 했어. 이를 실현하기 위해 교육의 중요성을 강조하며 어릴 때부터 정직·질서·창조의 정신을 생활화하는 것이 중요하다고 했단다.

■ 1981년 제12대 대통령 전두환

취임사에서는 지난번 취임사에서 제기했던 민주주의 토착화, 복지 사회의 건설, 정의 사회의 구현, 교육 혁신과 문화 창달이라는 국정 지표가 아무리 훌륭하더라도 국가 안보가 토대로 되어 있지 않는 한 의미가 없다고 했어. 제5공화국의 역사적 과제는 "첫째는 전쟁의 위협으로부터의 해방, 둘째는 빈곤으로부터의 해방, 셋째는 정치적 탄압과 권력 남용으로부터의 해방"이라 했어. 그런데 북한 주민의 자유와 생활을 언급할 뿐 한국이 어떻게 전쟁 공포와 두려움을 벗어나야 하는지에 대한 언급은 없었지. 구체적 정책 제시 없이 "국민 모두가 근면하고 협동해야 한다"고 말했어. 근현대사에서 우리 국민이 가장 많이 들은 말이 아마도 '근면'이 아닐까 해.

그는 또한 국가 발전을 위해서는 주기적으로 새로운 지도자가 등장해야 한다며 "대한민국의 한 사람으로서 우리의 숙원인 평화적 정권 교체의 전통을 꼭 확립하겠다"고 밝혔어.

■ 1988년 13대 대통령 노태우

취임사에서 노태우는 민족자존의 시대가 열렸음을 알리면서 민주개혁과 국민 화합으로 '위대한 보통 사람들의 시대'를 열어야 한다고 말했어.

"이 나라에 보탬이 되는 일이라면 어느 한 사람만이 할 수 있는 시대가 아니라, 어느 누구라도 할 수 있는 '보통사람들의 시대'가 왔습니다. 한 사람의 뛰어난 재주보다 평범한 상식을 지닌 여러 사람들의 협력을 필요로 하는 '상식의 시대'입니다. 그것은 또한 나라의 발전이 곧 국민 개개인의 자유, 풍요, 행복으로 이어지는 '복지의 시대'입니다"라고 했지.

■ 1993년 제14대 대통령 김영삼

취임사에서 김영삼은 "국민에 의한, 국민의 정부"를 세웠다면서 '신한국 창조'를 제기했어. 신한국 창조는 변화와 개혁의 방향으로 나아가야 하는데 개혁은 "첫째는 부정부패의 척결, 둘째는 경제를 살리는 일, 셋째는 국가 기강을 바로잡는 일"이라며 세 가지 실천을 통해 가능하다고 했어. 남북한 동포의 진정한 화해와 통일을 원한다면 언제 어디서라도 만나겠다는 말도 했지. 신한국의 창조는 모두가 하는 것이라고도 했어.

"땀 흘려 일하는 근로자, 새로운 작물로 소득을 올리는 농민, 열심히 공부하는 학생, 연구에 몰두하는 과학도, 시장 개척에 동분서주하는 회사원, 신제품 개발에 성공한 중소기업인, 그리고 밤새워 나라를 지키는 군인들이 바로 그들입니다. 이 자리에는 또 묵묵히 국민에게 봉사하는 공직자도 있습니다. 자기 분야에서 최선을 다하는 이들이야말로 신한국 창조의 주역이요 주인입니다"라며 인내와 시간, 눈물과 땀, 고통을 분담해서 신한국을 만들자고 했단다.

■ 1998년 제15대 대통령 김대중

취임사에서 김대중은 50년 만에 처음으로 여야 간 정권 교체를 이루었다며 국민의 정부를 만든 국민에게 인사말을 했지. 그리고 앞으로 세계는 지식 정보 세계로 나갈 것이며 IMF의 원인을 말하면서 이를 극복하기 위한 총체적인 개혁의 필요성을 주장했어. 총체적 개혁은 정치 개혁과 경제적 도약이라면서 민주주의와 시장 경제가 조화를 이루면 정경 유착이나 부정부패를 막을 수 있다고 했어. 곧 민주주의와 경제 발전을 병행하겠다는 거야. 경제 발전을 위해 물가 안정, 철저한 경쟁 원리의 도입, 벤처 기업의 육성, 외국 자본의 투자 유치 따위를 제안했어. 그리고는 여전히 국민에게 고통을 함께 나누자고 결론을 내렸어.

21세기는 냉전 시대와 다른 발상의 전환이 요구되는 시대라며 무한 경쟁 시대를 헤쳐나가기 위해 무역 투자와 관광·문화 교류를 확대하겠다고 했어. 남북 관계를 화해와 협력, 평화정착에 바탕을 두고 발전시키겠다고 했지. 1991년 채택된 남북 기본 합의서의 실천에 따라 남북문제를 해결하겠다며 3가지 원칙을 지킬 것을 약속했단다.

첫째, 어떠한 무력 도발도 결코 용납하지 않겠습니다.
둘째, 우리는 북한을 해치거나 흡수할 생각이 없습니다.
셋째, 남북 간의 화해와 협력을 가능한 분야부터 적극적으로 추진해 나갈 것입니다.

■ 2003년 제16대 대통령 노무현

취임사에서 노무현은 한국의 역사가 도전과 극복의 연속이라며 도약이냐 후퇴냐, 평화냐 긴장이냐의 갈림길에 서 있다고 했어. 동북아의 중심에 자리 잡은 한반도는 이를 잘 이용해야 한다고 했지. 곧 "부산에서 파리행 기차표를 사서 평양, 신의주, 중국, 몽골, 러시아를 거쳐 유럽의 한복판에 도착하는 날을 앞당겨야 한다"라며 21세기 동북아 시대를 주도적으로 열자고 제안했어. 그러기 위해서 한반도의 평화를 증진시키는 데에 노력하자며 대화, 호혜주의, 국제 협력, 초당적 협력을 원칙으로 한 평화 번영 정책을 제기했지. 새 정부는 대결과 갈등이 아니라 대화와 타협으로 문제를 푸는 정치 문화를 정착시키고 과학 기술을 발전시키고 교육을 혁신하며 복지 정책을 실시하며 양성 평등 사회를 추구한다고 했지.

■ 2008년 제17대 대통령 이명박

취임사에서 이명박은 "국민을 섬겨 나라를 편안하게 하겠습니다. 경제를 발전시키고 사회를 통합하겠습니다. 문화를 창달하고 과학기술을 발전시키겠습니다. 안보를 튼튼히 하고 평화통일의 기반을 다지겠습니다. 국제 사회에 책임을 다하고 인류 공영에 이바지하겠습니다"라고 약속했어. 지금은 이념의 시대가 아닌 실용의 시대라며 실용 정신을 갖자고 했지. 이어서 이명박은 국가 경쟁력을 높이고 경제를 살리는 게 가장 중요한 과제라고 말했단다. 경제 살리기를 위해 "작은 정부 큰 시장"을 내세우며 공공 부문에 경쟁 도입, 공무원 수의 감소 따위로 정부 조직의 변화를 제기했단다. "기업은 국부의 원천이요, 일자리 창출의 주역"이라며 기업들이 자유롭게 일할 수 있도록 시장 개방의 필요성을 제기했어. 그리고 기업이 힘을 내야 한다며 불법 투쟁은 하지 말고 노동자는 더 열심히 일해야 한다고 했지. 이 밖에도 사회 복지, 여성, 청년 세대, 노인 복지, 교육, 과학의 발전, 주택난 해결, 환경 보전, 문화 산업, 남북통일 등 여러 문제를 제기했단다. 그러면서 마지막에 자신의 살아온 삶을 비추어 꿈이 이루어졌다고 말했지.

> 끼니조차 잇기 어려웠던 시골 소년이 (…) 대한민국의 대통령이 되었습니다. 이처럼, 대한민국은 꿈을 꿀 수 있는 나라입니다. 그리고 그 꿈을 실현시킬 수 있는 나라입니다.
> 저는 대한민국 국민 모두가 꿈을 갖게 되길 바랍니다. 그리고 그것을 실현

하기 위해 열심히 일하게 되길 바랍니다. 저는 이 소중한 땅에 기회가 넘치게 하고 싶습니다. 가난해도 희망이 있는 나라, 넘어져도 다시 일어설 수 있는 나라, 땀 흘려 노력한 국민이면 누구에게나 성공의 기회가 보장되는 나라, 그런 나라를 만들고자 합니다.

당시 우리 국민들은 취임사를 믿고 각자의 자리에서 정말 열심히 뛰었어. 그런데 열심히 일해도 언제나 제자리였고 심지어 공동체 밖으로 밀려났어. 꿈을 이루기는커녕 꿈꾸는 것조차 힘든 현실이 된 것 같아.

■ 2013년 제18대 대통령 박근혜

취임사에서 박근혜의 첫마디는 "희망의 새 시대를 열겠습니다"였어. 인사말을 한 뒤, 희망의 시대를 열기 위한 세 가지 과제로 경제 부흥, 국민 행복, 문화 융성을 제안했어. 경제 부흥은 '창조경제'와 '경제 민주화'로 가능하다며 과학기술과 IT 산업을 제안했지. 경제 민주화에 대해서는 "공정한 시장 질서가 확립되어야만 국민 모두가 희망을 갖고 땀 흘려 일할 수 있다고 생각합니다. 열심히 노력하면 누구나 일어설 수 있도록 중소기업 육성 정책을 펼쳐서 대기업과 중소기업이 상생할 수 있도록 하는 것이 제가 추구하는 경제의 중요한 목표입니다"라고 말했어. 두 번째 과제인 국민 행복에 대해선 이렇게 제안했네.

노후가 불안하지 않고, 아이를 낳고 기르는 것이 진정한 축복이 될 때 국민 행복 시대는 만들어지는 것입니다. 어떤 국민도 기초적인 삶을 영위할 수 없을지 모른다는 두려움이 있어서는 안 됩니다. (…) 개개인의 꿈과 끼가 열매를 맺을 수 있도록 우리 사회를 학벌위주에서 능력 위주로 바꿔가겠습니다. (…) 국민 행복은 국민이 편안하고 안전할 때 꽃 피울 수 있습니다. 저는 국민의 생명과 대한민국의 안전을 위협하는 그 어떤 행위도 용납하지 않을 것입니다.

2017년 4월 현재 박근혜가 대통령 취임식에서 한 이야기가 얼마나 실현됐을까? 모든 국민이 행복해지기는커녕 삶은 점점 힘들어졌지. 노후를 걱정하고 아이를 낳고 기르는 일은 점점 힘들어졌으며 기초 생활을 할 수 없어 자살하는 사람들이 늘었대. 각자의 꿈과 재능은 능력이 아닌 학벌로 평가돼 재능을 펼치기도 전에 상처받고 포기하는 사회가 되었다고 하잖아.

지금까지 대통령 취임사를 짧게나마 살펴보았어. 어때! 눈을 감고 지난 대통령들의 말들을 생각하면 누가 현실을 파악하고 미래를 제시했는지, 누가 거짓말을 가장 잘했는지 알 수 있겠지. 그렇다면 다음 취임사는 이 글을 읽는 여러분의 몫이 아닐까?

참고 문헌

온라인 자료

- 국사편찬위원회 홈페이지(http://history.go.kr)
- 국가기록원 홈페이지(http://archives.go.kr)
- 네이버(http://newslibrary.navercorp.com)
- 동북아역사넷(http://contents.nahf.or.kr)
- 법제처, 국가법령정보센터(http://www.law.go.kr)
- 중앙선거관리위원회(http://www.nec.go.kr)
- 한국역사정보통합시스템(http://koreanhistory.or.kr)

신문

경향신문, 독립신보, 동아일보, 매일신보, 부산일보, 서울신문, 오마이뉴스, 자유신문, 조선일보, 한국일보, 한겨레, 현대일보

단행본

- 경향신문사, 『코리아 20년』, 1969
- 공보실, 『대통령 이승만 박사 담화집』 제1집, 1952
- 공보실, 『대통령 이승만 박사 담화집』 제2집, 1956
- 공보실, 『대통령 이승만 박사 담화집』 제3집, 1959
- 공보실, 『대한민국 정부 기록 사진집』 제1권, 1999
- 공보실, 『대한민국 정부 기록 사진집』 제2권, 1999
- 구로역사연구소, 『우리나라 지방자치제의 역사』, 거름, 1990
- 국방부 정훈국 전사편찬위원회 편, 『한국전란3년지』, 1954
- 국사편찬위원회, 『자료 대한민국사』 26권, 2007
- 국사편찬위원회. 『대한민국사 연표』 1~3, 2008
- 국정홍보처, 『대한민국 정부 기록 사진집』 제3권, 2000
- 국정홍보처, 『대한민국 정부 기록 사진집』 제5권, 2001

- 국정홍보처, 『대한민국 정부 기록 사진집』제8권, 2004
- 국정홍보처, 『대한민국 정부 기록 사진집』제9권, 2005
- 국회, 『내무위원회 회의록』제3회(8차), 1958
- 국회, 『본회의 회의록 제1회-33차』, 1948
- 국회, 『본회의 회의록 제13회-제20호』, 1952
- 나이토 요스케 지음, 이미란 옮김, 『우표로 그려낸 한국 현대사』, 한울, 2012
- 디터 놀렌 지음, 박병석 옮김, 『선거 제도와 정당체제』, 다다, 1994
- 메리 E. 위스너-행크스 지음, 노영순 옮김, 『젠더의 역사』, 역사비평사, 2006
- 문화체육관광부, 『대한민국 정부 기록 사진집』 11권, 2010
- 문화체육관광부, 『대한민국 정부 기록 사진집』 12권, 2011
- 문화체육관광부, 『대한민국 정부 기록 사진집』 14권, 2013
- 문화체육관광부, 『대한민국 정부 기록 사진집』 15권, 2014
- 민주공화당기획조사부, 『민주공화당 4년사』, 1967
- 민주공화당, 『민주공화당사 : 1963~1973』, 1973
- 박정희, 『국가와 혁명과 나』, 향문사, 1963
- 버나드 마넹 지음, 곽준혁 옮김, 『선거는 민주적인가』, 후마니타스, 2015
- 사공일, 『경제 성장과 경제력 집중』, 1980
- 서중석, 『대한민국 선거사 이야기』, 역사비평사, 2008
- 서중석, 『사진과 그림으로 보는 한국 현대사』(개정증보판), 웅진지식하우스, 2013
- 역사학연구소, 『교실 밖 국사여행』, 사계절, 2010
- 이임하, 『한국여성사 편지』, 책과함께, 2009
- 이임하, 『10대와 통하는 문화로 읽는 한국 현대사』, 철수와영희, 2014
- 이임하, 『10대와 통하는 한국전쟁 이야기』, 철수와영희, 2013
- 정태영, 『조봉암과 진보당』, 후마니타스, 2006
- 제임스 랙서 지음 김영희 옮김, 『민주주의란 무엇인가』, 행성:B온다, 2011
- 조영래, 『전태일 평전』, 아름다운 전태일, 2009
- 중앙선거관리위원회, 『대한민국 선거사』 제1집, 1973
- 중앙선거관리위원회, 『대한민국 선거사』 제2집, 1973
- 중앙선거관리위원회, 『대한민국 선거사』 제3집, 1980
- 중앙선거관리위원회, 『대한민국 선거사』 제4집, 2009

- 중앙선거관리위원회, 『대한민국 선거사』 제5집, 2009
- 중앙선거관리위원회, 『대한민국 선거사』 제6집, 2009
- 중앙선거관리위원회, 『역대 대통령 선거상황, 초대~14대』, 1996
- 즈느비에브 프레스·미셸 페로 편집, 권기돈·정나은 옮김, 『여성의 역사』 4, 새물결, 1998
- 케네스 데이비스 지음, 이순호 옮김, 『미국에 대해 알아야 할 모든 것, 미국사』, 책과함께, 2004
- 한국 사회 경제학회 편, 『한국 경제론 강의』, 1994
- 한국선거학회편, 『한국 선거 60년 이론과 실제』, 오름, 2011

논문

- 강현경, 「1960~70년대 한국 정치 광고의 유형과 프레임에 관한 연구−제5,6,7대 대통령 선거 신문 정치 광고를 중심으로」, 동국대학교 대학원 신문방송학 석사학위논문, 2013
- 고성국, 「역대 대통령 선거에서 맞선 라이벌 박정희 대 김대중」, 『역사비평』 통권19호, 1992
- 김동명, 「식민지 시대의 지방자치−부(협의)회의 정치적 전개」, 『한일관계사연구』 17, 2002
- 김동명, 「1931년 경성부회 선거 연구」, 『한국정치외교사논총』 26(2), 2005
- 김득중, 「제헌국회의 구성과정과 성격」, 성균관대학교대학원 석사학위논문, 1993
- 김춘수, 「1946~1953년 계엄의 전개와 성격」, 성균관대학교 대학원 박사학위논문, 2014
- 김홍상, 「8·15 이후 한국 농업의 전개 과정과 소작제」, 『한국 자본주의와 농업문제』, 아침, 1986
- 박찬표, 「제헌국회 선거법과 한국의 국가형성」, 『한국정치학회보』 25−3호, 1996
- 손호철, 「자유 민주주의와 선거-선거사회주의의 가능성과 한계를 중심으로」, 『경제와사회』 13호, 1992
- 오유석, 「역대 대통령 선거에서 맞선 라이벌 이승만 대 조봉암 신익희」, 『역사비평』 통권19호, 1992

- 유숙란, 「광복 후 국가건설과정에서의 성불평등구조 형성-보통 선거법과 제헌헌법 작성과정을 중심으로」, 『한국정치학회보』 39(2), 2005
- 이남희, 「민주주의와 성별정치학-영국 여성참정권의 확대과정을 중심으로」, 『역사와현실』 87, 2013
- 이병준, 「1963년 5대 대통령 선거 연구」, 성균관대학교 대학원 사학과 석사학위논문, 2009
- 이종석, 「대통령 선거와 북한-남북한 적대적 의존관계와 변화가능성」, 『역사비평』 통권 60호, 2002
- 정봉성, 「사건 및 이슈화가 대통령 후보 지지율의 변화에 미치는 영향-제15, 16대 대통령 선거를 중심으로」, 경상대학교대학원 행정학과 박사학위논문, 2004
- 정해구, 「역대 대통령 선거에서 맞선 라이벌 1987년 대선과 1노 3김」, 『역사비평』 통권19호, 1992
- 조은정, 「대한민국 제1공화국의 권력과 미술의 관계에 대한 연구」, 이화여자대학교 대학원 미술사학과 석사학위논문, 2005
- 최상호, 「1950년대 외환제도와 환율정책에 관한 연구」, 성균관대학교 석사학위 논문, 2001
- 한석태, 「역대 대통령 선거에서 맞선 라이벌 박정희 대 윤보선」, 『역사비평』 통권19호, 1992
- 홍석률, 「1971년 대통령 선거의 양상-근대화 정치의 가능성과 위험성」, 『역사비평』 87호, 역비논단, 2009
- 홍순권, 「1910~20년대 부산부협의회의 구성과 지방정치-협의원의 임명과 선거 실태 분석을 중심으로」, 『역사와 경계』 60, 2006